제철 재료 그대로
말리고 절이고 삭히는

◆

열두 달
저장음식

제철 재료 그대로 말리고 절이고 삭히는
열두 달 저장음식
ⓒ 김영빈, 2014

초판 1쇄 2014년 6월 10일 펴냄
초판 3쇄 2016년 3월 16일 펴냄
개정판 1쇄 2021년 4월 6일 펴냄

지은이 김영빈
펴낸이 김성실
책임편집 김성은
사진 박유빈
표지디자인 이창욱
제작 한영문화사

펴낸곳 윈타임즈   등록 제313-2012-50호(2012. 2. 21)
주소 03985 서울시 마포구 연희로 19-1 4층
전화 02)322-5463   팩스 02)325-5607
전자우편 sidaebooks@daum.net

ISBN 979-11-88471-21-8 (13590)

잘못된 책은 구입하신 곳에서 바꾸어 드립니다.

제철 재료 그대로
말리고 절이고 삭히는

열두 달
저장음식

김영빈 지음

WINTIMES

저자 서문

"우리 영빈이는 궁금한 게 많아서 먹고 싶은 것도 참 많겠다."
할머니는 늘 이렇게 말씀하셨습니다.

알 밴 조기를 널고 있는 빨랫줄 아래, 단내 풍기며 곶감 익어가는 처마 밑, 메주콩 냄새 진동하며 김이 폴폴 나는 가마솥 뒤, 김장 배추 치대는 꽃무늬 버선 발 아래까지 어린 저는 할머니와 엄마의 그림자마냥 붙어 다니며 온갖 참견과 투정을 부리곤 했습니다.

먹을 것이 지천인 요즘과 달리 어린 시절 시골에서는 엄마나 할머니가 부지런히 발품을 팔고 손을 놀려야만 반찬 한두 가지라도 더 올리고 아이들 군것질거리도 심심찮게 챙겨줄 수 있었지요. 친정 엄마는 워킹맘으로 살림살이가 고되었을 텐데도 지나치게 호기심 강한 어린 딸을 달고 다니며 마법사처럼 뚝딱뚝딱 일을 해내셨습니다. 엄마나 할머니는 친절한 선생님이 되어 엉뚱한 질문에 웃으며 답도 해주시고 귀한 재료도 기꺼이 나누어주셨습니다. 요새 아이들처럼 어린이집이나 유치원에도 다니지 않았으니 열두 달 집안 살림은 제 유년시절의 흥미로운 수업이자 재미있는 놀이였지요. 요리 연구를 업으로 삼고 있는 지금도 그때의 기억을 더듬어 레시피를 만들기도 하니 그 시간이 얼마나 소중한지 감사하게 됩니다.

예쁘고 화려한 베이킹, 노련한 칼질의 일본요리, 불로 맛을 내는 중국요리, 입에 감기는 이탈리아요리와 고급스러운 프랑스요리, 이국적인 동남아요리 등을 고루 배웠지만 한 치의 망설임 없이 한식을 택한 것도 어린 시절의 영향인 것 같습니다. 일 년 열두 달을 스물네 달로 쪼개어 살아가는 살림의 쏠쏠함 역시 오늘의 요리연구가인 저를 만든 원동력입니다.

말리고 절이고 삭히면서 살림 놀이를 하다보면 찰나 같은 순간에 마음 졸일 때가 있습니다. 계절의 풍미를 담은 한때의 맛을 잡으려면 일하는 중간중간 손과 발을 빠르게 놀려야 하지요. 그런 과정이 고되고 힘들지 않느냐고 묻는 분도 계시고, 파는 것보다 비싸고 질겨서 좋지 않다는 분도 계십니다. 제 기억 속의 예쁜 풍경과 감성을 그분들과 공유하고 싶습니다. 처마 밑에 대롱대롱 푸르스름하게 이끼 낀 메줏덩이들, 빨랫줄에서 그네 타는 무오가리, 해

와 달, 구름과 하늘을 담은 새까만 간장 장독, 줄줄이 엮어 말린 고추며 옥수수며 곶감 사이로 짝을 찾아다니던 고추잠자리…….

금전적 가치만 지불하면 세련된 음식을 얼마든지 먹을 수 있지만 엄마의 일 년 정성과 수고가 어떤 예술품보다 훌륭하고 멋지다는 것을 나누고픈 저의 시골스런 감성이 일 년이라는 시간을 오롯이 쏟아 부으며 이 책에 매달리게 했습니다.

요즘은 포도주, 맥주, 막걸리, 식초 등을 만들 수 있는 전문가 수준의 마니아가 참 많습니다. 집에서 만들어 먹는 것이 사먹는 것보다 비용과 품이 더 들기도 하고, 항상 균일한 결과물을 얻을 수 없어 손해를 볼 때도 있습니다. 그럼에도 불구하고 저장음식을 만들게 하는 매력은 긴장과 기다림에 있습니다. 가슴 두근거리며 열어 본 결과물이 성공이라면 이전 열 번의 실패를 눈 녹듯 사라지게 하는 마력이 그 속에 있지요. 시판 제품보다 못생기고 유혹적이지는 않지만 돌아서면 생각나고 입맛 다시게 하는 시간의 맛이 고스란히 녹아 있지요.

많은 사람이 도시 생활을 하는 요즘은 많은 것을 말리고 절이고 삭힐 수는 없습니다. 이 책은 마트에서 구할 수 있는 제철 재료를 소개하면서 저장과 보관이 가능한 양을 만들어 보도록 구성했습니다. 함께 나누는 즐거움과 귀한 것을 아껴 먹는 마음도 담아 보았습니다. 기억을 더듬어 만들면서 실패하고 궁금했던 점들을 꼼꼼하게 설명으로 넣었으니 차근차근 읽어보면서 궁금점을 풀어나가길 바랍니다. 제철 식재료를 중심으로 하다 보니 담지 못한 저장음식이 생각보다 많아 아쉽지만 최대한 많은 것을 담으려고 노력했습니다.

긴 시간과 비용의 지출을 감수하며 책의 출간에 도움을 주신 원타임즈의 김성실 대표님과 저의 촌스런 감성에 맞장구를 치며 저장음식의 마니아가 되신 실장님, 웬만한 식재료 이름은 술술 뱉어 낼 정도가 된 포토그래퍼 박유빈 실장님 감사합니다. 그리고 제 요리의 원천인 친정 엄마 강 여사님, 제 살림 놀이와 함께 자라며 호기심 소녀가 된 딸 민아·민서, 외조의 왕인 현석 씨 사랑합니다.

김영빈

C·O·N·T·E·N·T·S

저자 서문 • 4

계량 알아보기 • 10

열두 달 저장음식을 위한 주방 도구 • 14

홈메이드 저장식의 기본 • 16

유리 보관 용기 • 18

병의 소독 • 20

탈기 • 21

홈메이드 저장식 만들기 • 22

  1. 건조 • 22 | 2. 병조림 • 24 | 3. 당장 • 25 | 4. 산절임 • 28

  5. 염장과 장절임 • 30 | 6. 발효 • 32

제철 재료의 시기 • 35

봄_ 3월, 4월, 5월

쑥 말리기 • 38 | 고사리 말리기 • 39 | 취나물 말리기 • 40 | 가죽 말리기 • 41
가죽찹쌀부각 • 42 | 죽순 말리기 • 44 | 김부각 • 46 | 봄햇살칩(딸기, 오렌지, 다래) • 48
딸기잼·콩포트 • 50 | 오렌지 마멀레이드·잼·필 • 52 | 다래잼 • 55 | 체리잼·콩포트 • 56
블루베리잼·콩포트 • 58 | 앵두잼·콩포트 • 60 | 앵두청 • 62 | 미삼꿀청 • 63
완두콩병조림 • 64 | 양배추피클 • 65 | 도라지대추피클 • 66 | 셀러리당근피클 • 67
그린빈마늘피클·아스파라거스양파피클 • 68 | 김간장장아찌 • 70

셀러리채소간장장아찌 · 71 | 마늘종무간장장아찌 · 72 | 머윗대간장장아찌 · 74
죽순간장장아찌·풋마늘대간장장아찌 · 76 | 두릅간장장아찌·엄나무순간장장아찌 · 78
두릅고추장박이·엄나무순고추장박이 · 80 | 곰취간장장아찌 · 82 | 가죽고추장박이 · 83
곰취된장박이 · 84 | 도라지고추장박이·더덕된장박이 · 86
더덕북어포마늘종벼락장아찌·마늘종&마늘고추장박이 · 88 | 북어고추장박이 · 90
주꾸미젓 · 92 | 오징어젓 · 94 | 황석어젓 · 96 | 멸치젓 · 98

여름_ 6월, 7월, 8월

햇양파 말리기 · 102 | 마늘 말리기 · 103 | 애호박 말리기 · 104 | 가지 말리기 · 105
고구마순 말리기 · 106 | 옥수수&수염 말리기 · 107 | 꽈리고추부각 · 108
감자부각 · 110 | 깻잎부각 · 112 | 토마토 말리기 · 114 | 수박껍질 말리기 · 115
여름햇살칩(바나나, 파인애플) · 116 | 바나나계피잼 · 117 | 파인애플잼·콩포트 · 118
살구잼·콩포트 · 120 | 자두잼·콩포트 · 122
매실청&매실절임·매실잼 · 124 | 매실식초 · 128 | 오디잼 · 130 | 오디청 · 131
복숭아잼 · 132 | 복숭아콩포트 · 134 | 산딸기잼·콩포트 · 136 | 수박조청 · 138
토마토잼 · 140 | 토마토소스 · 142 | 로즈마리향토마토피클 · 143
햇양파비트피클 · 144 | 깐마늘오미자피클 · 146
꽈리고추피클·아삭이고추양파피클 · 148 | 노각파프리카피클 · 150
수박껍질피클 · 151 | 참외카레피클 · 152 | 옥수수병조림·여름풋콩병조림 · 154
오이피클 · 156 | 오이지 · 160 | 오이방아향간장장아찌 · 162 | 오이고추장박이 · 163
토마토양파간장장아찌 · 164 | 통마늘간장장아찌 · 166
깐마늘장아찌·초마늘고추장버무리 · 168 | 모둠고추양파장아찌 · 170
꽈리고추간장장아찌 · 171 | 매실된장박이&고추장박이 · 172 | 우메보시 · 174
청양고추된장박이 · 176 | 생깻잎된장박이 · 177 | 깻잎간장장아찌 · 178
부추양파장아찌 · 179 | 가지간장장아찌·가지벼락장아찌 · 180
애호박된장박이 · 182 | 참외된장박이 · 184

C·O·N·T·E·N·T·S

가을_ 9월, 10월, 11월

홍고추 말리기 • 188 | 반불겅이고추 말리기 • 189 | 토란대 말리기 • 190
호박고지 • 191 | 표고버섯 말리기 • 192 | 우엉 말리기 • 193 | 연근 말리기 • 194
마 말리기 • 195 | 생강 말리기·편강 • 196 | 사과말랭이 • 198 | 무화과 말리기 • 199
당근칩 • 200 | 말린 모과 • 201 | 감말랭이&곶감 • 202 | 밤 말리기 • 203
고구마빼데기·고구마말랭이 • 204 | 건삼&홍삼 • 206
무말랭이&무오가리&무시래기 • 208 | 배추시래기 • 210 | 포도잼 • 212 | 당근잼 • 213
사과잼·콩포트 • 214 | 포도식초·사과식초 • 216 | 사과석류잼 • 220
포도청·생강꿀청 • 222 | 생강시럽 • 224 | 단호박생강잼 • 226 | 생대추잼 • 227
호박계피청·오미자청 • 228 | 무화과청·콩포트 • 230 | 배잼·콩포트 • 232
모과잼&모과청·배청·석류청 • 234 | 밤잼·콩포트 • 236 | 고구마잼 • 238
고구마조청 • 240 | 땅콩잼 • 242 | 감식초 • 243 | 연근청·마청 • 244
무꿀청·인삼대추꿀절임 • 246 | 유자청·유자주머니 • 248 | 햇생강피클 • 250
삼색무피클 • 251 | 고구마당근피클·우엉연근피클 • 252 | 양송이버섯오일피클 • 254
사과약지 • 255 | 알타리무간장장아찌·모둠버섯간장장아찌 • 256
토란고추장박이·새송이버섯고추장박이 • 258 | 고들빼기장아찌 • 260
연근&우엉간장장아찌 • 262 | 감간장아찌·감고추장장아찌 • 264 | 삭힌고추 • 266
배추무오가리장아찌 • 268 | 무짠지 • 270 | 꽃게간장장아찌 • 272 | 전복장아찌 • 274
추젓 • 276 | 새우장아찌 • 278

겨울_ 12월, 1월, 2월

귤껍질 말리기·대파뿌리 말리기 • 282 | 한라봉햇살칩 • 284
브로콜리대 말리기 • 285 | 톳 말리기·파래 말리기 • 286
곰피미역 말리기·곰피미역부각 • 288 | 두부&도토리묵 말리기 • 290
귤잼·마멀레이드 • 292 | 귤콩포트·금귤콩포트 • 294 | 귤청·금귤생강청 • 296
레몬잼·레몬필&시럽·레몬청 • 298 | 브로콜리&콜리플라워피클 • 302
콜라비피클&콜라비간장장아찌 • 304 | 콜라비된장박이 • 306
물파래간장장아찌·말린파래간장장아찌 • 308
생곰피간장장아찌·마른곰피간장장아찌 • 310 | 어리굴젓 • 312
알달래간장장아찌 • 314 | 냉이된장박이 • 315 | 씀바귀고추장박이 • 316
고추장 • 318 | 정월보리막장 • 320

쉽게 만들어 바로 먹는 저장음식_ 피클 청 라페 된장

햇고사리간장피클 • 323 | 양파레몬소스퀵피클 • 324
당근라페 • 325 | 독일식양배추김치 • 326
고추청 • 327 | 양파당 • 328 | 레몬된장 • 329
모로칸레몬 • 330 | 멸치고추장물 • 331

끓이지 않고 간장 하나로 장아찌 다섯 가지_

만능장아찌간장 • 333 | 양파달래장아찌 • 334 | 알타리무장아찌 • 334
무말랭이장아찌 • 334 | 깻잎장아찌 • 335 | 고추장아찌 • 335

계량 알아보기

저장음식을 만들 때 무엇보다 중요한 것은 계량이다. 이 책에서는 계량컵과 계량스푼, 손대중으로 계량하였다.
특별한 표기가 없는 경우 식초는 양조식초, 간장은 양조간장, 설탕은 백설탕, 굵은 소금은 천일염과 혼용 표기하였고 간수가 빠진 국산 천일염을 사용하였다. 단맛과 신맛은 기호에 따라 설탕과 식초와 소금을 가감하면 된다.

계량컵으로 보기

가루류 1컵

액체류 1컵

된장 1컵

고추장 1컵

계량스푼으로 보기

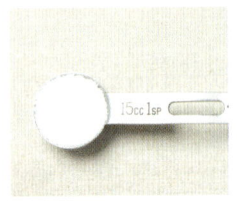
가루류 1큰술

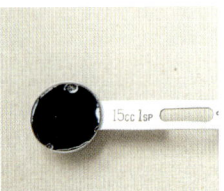
액체류 1큰술

된장 1큰술

고추장 1큰술

손대중으로 보기(과일류)

오렌지 1개(200g)

다래(달걀 크기)

앵두 1줌(80g)

체리 1줌(120g)

블루베리 1줌(50g)    산딸기 1줌(60g)    매실 1줌(160g)    오디 1줌(85g)

사과 1개(300g)    홍옥 1개(200g)    무화과 1개(80g) 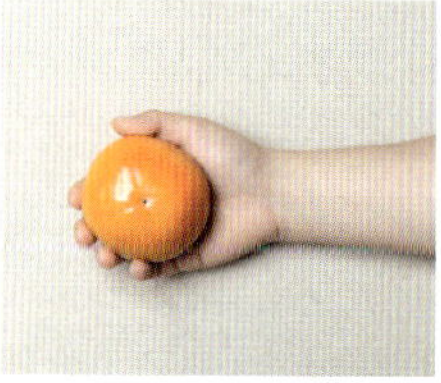   단감 1개(200g)

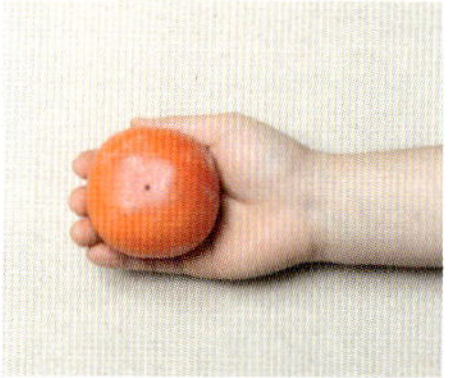

홍시 1개(170g)    밤 1줌(200g, 7~8개)    생대추 1줌(200g, 약 1컵) 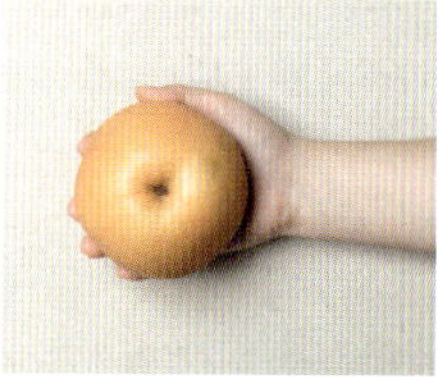   배 1개(550~600g)

레몬 1개(100~140g)    유자 1개(120g)    금귤 1줌(100g)    귤 중간 크기 1개(80g)

손대중으로 보기(과채류)

딸기 1줌(100g)

토마토 장아찌용 1개(100g)

콜라비 1개

손대중으로 보기(채소류)

양파 장아찌용 1개(100g) · 고구마 1개(150g) · 당근 1개(200g) · 감자 중간크기 1개(150~180g)

브로콜리 1개 · 콜리플라워 1개 · 양배추 1/4(500g) · 완두콩 1컵(130g)

마늘종 1줌(200g) · 아스파라거스 1줌(200g) · 두릅 1줌(100g) · 가죽 1줌(100g)

고들빼기 1줌(120g) · 미삼 1줌(50g)) · 고사리 1줌(250g) · 곰취 1줌(150g)

쑥 1줌(50g)) · 냉이 1줌(50g) · 알달래 1줌(50g) · 씀바귀 1줌(50g)

꽈리고추 1줌(55g)

서리고추 1줌(100g)

더덕 1줌(200g)

인삼 1줌(200g, 4~5대)

땅콩 1줌

손대중으로 보기(해산물)

북어포 1줌(50g)

작은 전복 1개(50g)

대하 4마리(100g)

잔새우 1줌(100g)

꽃게 1마리(180~220g)

미역 1줌(150g)

톳 1줌(100g)

파래 1줌(130g)

열두 달 저장음식을 위한 주방 도구

실리콘 주걱
건조기
채반
주방 저울
라벨 용지
냄비
국자

홈메이드 저장식의 기본

기본도구

가정용 냉장고나 보관기술만으로는 제철 식재료의 신선함을 오래 유지할 수 없다. 간단한 조리 도구 몇 가지만 구비해 저장음식을 만들어 두면 일 년 내내 제철의 풍미를 즐길 수 있다. 모든 도구를 다 구비할 필요는 없고 대체 도구를 활용하는 방법도 있다.

냄비

잼, 피클, 장아찌를 만들 때는 식초나 과일의 산도가 높으므로 코팅이 잘된 법랑 냄비나 바닥이 두꺼운 스텐리스 냄비를 사용한다. 병 소독을 위해 병이 통째로 들어가는 크기로 수분 증발이 쉽고 바닥이 넓으며 운두가 낮은 것을 구비한다.

체, 깔때기

체 머리에 고리가 달려 있으면 볼에 고정할 수 있어 건더기와 국물을 거를 때 편리하다. 깔때기는 입구가 좁은 병에 내용물을 넣을 때 사용한다.

채반, 건조기

재료를 넓게 펴서 말릴 수 있으므로 다양한 크기의 채반을 구비하면 좋다. 날씨가 좋지 않거나 여름과 겨울에는 건조기를 사용하면 편리하다.

계량컵, 계량스푼

가루나 액체를 계량할 때 사용한다. 밥숟가락이나 물컵, 종이컵으로 대체 가능하다. 주둥이가 뾰족한 계량컵을 구입하면 액체를 따를 때 국자 대용으로도 사용할 수 있다.

면장갑, 유리병 집게

병을 소독할 때나 뜨거운 잼과 시럽을 병에 담을 때 손에 끼거나 병을 집는다. 면장갑은 두세 겹을 끼어야 화상의 위험에서 벗어날 수 있다.

주방 저울

식재료와 양념을 계량할 때 사용한다. 가정에서는 눈금 저울보다 디지털 저울이 편리하고 적합하다.

국자

재료를 병에 담거나 따라낼 때 사용한다. 옆으로 홈이 패인 것이나 병 속에 들어가는 국자가 편리하지만 일반 국자를 살짝 기울이거나 종이컵의 입구를 접어서 사용해도 된다.

실리콘 주걱

열에 강하고 냄새나 색이 배지 않아 뜨거운 것을 끓이거나 저을 때 사용한다. 열이 쉽게 전달되는 금속제보다는 나무 주걱으로 대체할 수 있다.

면포와 거즈

병을 소독하거나 건더기가 있는 재료를 거를 때는 면 100퍼센트의 흰색을 사용한다.

라벨 용지

저장음식의 내용물, 만든 날짜, 숙성되어 거를 시기 등을 기록하여 붙여 놓는다.

항아리

저장음식을 발효시키는데 적합한 숨 쉬는 항아리는 아파트에서 구비하기는 쉽지 않지만 작은 항아리는 숙성이 끝난 저장식을 덜어내어 보관할 때 사용하면 좋다.

밀폐 용기

저장음식은 대부분 혐기성식품으로 공기가 들어가지 않게 패킹이 달린 용기를 사용하는 것이 좋다. 장아찌나 젓갈 등을 보관할 때는 넓고 얕은 것보다 좁고 깊은 용기일수록 공기가 많이 차단된다.

유리 보관 용기

오랫동안 두고 먹을 저장음식을 보관하기 위해서는 용기의 선택이 중요하다. 음식의 양이 많다면 소독한 항아리에 보관해도 좋으나 소량의 저장식은 다양한 크기의 유리병이나 유리 밀폐 용기가 편리하다.

유리 용기의 종류

나사식 금속뚜껑 병
여닫기도 쉽고 밀폐성이 좋아 어떤 음식이든 보관이 가능하다. 뚜껑이 일체형인 것도 있고 밴드와 리드가 분리되어 탈기가 손쉬운 병도 있다.

압력식 혹은 용수철식클립뚜껑 병
고무나 실리콘 패킹이 부착되어 있고 금속으로 된 마개 고정장치를 덮거나 눌러서 병을 여닫는데 크기와 종류가 다양하다.

플라스틱뚜껑 병

여닫기는 쉽지만 탈기가 어렵고 밀폐가 되지 않아 발효나 숙성이 완료된 저장음식을 조금씩 덜어서 보관할 때 사용한다.

실리콘 처리가 된 플라스틱뚜껑 용기

실리콘으로 처리가 되어 있는 뚜껑은 일반 플라스틱뚜껑보다 밀폐가 잘 되기 때문에 발효식품을 저장할 때 항아리 대용으로 사용한다. 넓고 얕은 것보다는 깊고 좁은 용기가 공기를 차단하기 좋고 발효도 잘된다.

입구가 좁고 긴 병

시럽이나 청·소스 등을 넣어서 보관하기에 편리하다. 뚜껑이 플라스틱이거나 금속제보다는 용수철식클립뚜껑이나 코르크 마개가 여닫기에 좋다.

병의 소독

저장음식이 상하는 원인은 곰팡이와 세균에 있다. 용기를 소독하여 사용하면 세균과 곰팡이의 번식을 막을 수 있고 저장기간도 늘릴 수 있다.

1. 알코올 소독

열탕 소독이 불가능한 크기의 병, 입구가 좁고 긴 병은 알코올 도수가 높은 증류주로 소독한다. 술의 도수는 35도 이상이어야 살균 효과가 있다.

2. 자외선 소독

열탕 소독이 불가능한 병들은 깨끗이 세척한 뒤 햇볕에 반나절 정도 말려서 사용한다. 단 황사가 심하거나 그늘진 날은 효과가 없으므로 햇볕이 좋은 날에만 할 수 있다는 단점이 있다.

3. 열탕 소독

효과가 가장 좋은 소독법으로 장아찌나 피클, 잼이나 콩포트, 시럽 등 다양한 저장음식을 안전하게 담아 둘 수 있다. 큼직한 냄비에 병을 넣고 물을 천천히 부은 뒤 중불에서 팔팔 끓인 다음 꺼내 깨끗한 면포에 입구가 아래쪽을 향하도록 놓고 자연 건조시킨다. 뚜껑이나 패킹은 변형될 수 있으므로 20~30초 정도만 소독한다.

탈기

병 속의 공기를 빼내는 과정을 탈기라 한다. 탈기를 하면 병 속에 남아 있는 산소량을 최소화하여 호기성세균이나 곰팡이의 발육을 억제한다. 저장기간 동안 향기, 맛, 색 등의 변질을 막아 보관기간도 늘릴 수 있다. 병조림을 탈기·살균하는 온도와 시간은 열의 전도도, 내용물의 종류, 세균의 종류에 따라 달라진다.

1. 거꾸로 세워두기

잼, 시럽, 콩포트는 뜨거울 때 바로 병에 담아 뚜껑을 닫고 뒤집어 식힌 뒤 식으면 다시 세운다.

2. 병째 끓이기

용수철식클립뚜껑 병은 뚜껑을 열고, 일반 병은 뚜껑을 살짝 올리거나 살짝 닫아 냄비에 담는다. 병 높이의 70퍼센트 정도의 물을 붓고 강불로 가열하고 끓어오르면 중약불로 줄여 30분 정도 가열한 뒤 뚜껑을 꽉 닫아 병을 뒤집어 식히고 다시 세운다.

3. 식히기와 확인하기

탈기와 살균이 끝난 병 저장식은 뜨거울 때 뚜껑을 꽉 조인 후 내용물이 열에 의해 변질되는 것을 막기 위해 바로 서늘한 곳에서 식힌다. 냉각이 충분하지 못하면 내용물의 조직의 색이 연화되어 변질되거나 호기성세균이 번식될 수 있다. 뜨거운 병 저장식은 찬물이나 냉동고에서 급냉하면 병이 깨지므로 서늘하고 건조한 곳에서 그대로 식힌다. 병 저장식을 만든 뒤 뚜껑의 가운데 부분을 눌렀을 때 잘 눌리지 않고 소리가 나지 않아야 한다. 소리가 나거나 눌리면 다시 탈기 과정을 거친다.

홈메이드 저장식 만들기

1. 건조

냉장시설이 부족하던 시절에는 식품을 오래 보관하기 위해 음식을 건조시켰다. 《삼국유사》에는 진표율사眞表律師가 쌀 스무 말을 쪄서 말려 양식으로 삼았다는 기록이 있고, 《삼국사기》에는 신문왕의 폐백 품목에 포脯가 기록되어 있어 육류나 어류를 건조시켜 저장했다는 것을 짐작할 수 있는데 고서에 기록될 정도로 식품을 건조하는 저장법은 오래되었고 신뢰할 수 있다.

음식을 건조하면 음식 내의 수분이 제거되면서 부패를 막고 부피와 중량을 줄일 수 있다. 그렇게 되면 저장 공간도 줄일 뿐 아니라 간편하게 운반할 수 있는 장점이 있다.

또 말리는 동안 독특한 풍미가 생겨 생재료와는 다른 질감을 얻기도 한다. 생재료 자체를 말릴 수도 있고 염장이나 당장 등의 방법과 혼용할 수도 있다.

과일, 채소, 해초, 어·육류 등 종류를 가리지 않고 말릴 수 있으며 제철의 싱싱한 재료를 말렸을 때 가장 풍미가 좋다. 조금이라도 시들거나 제철 재료가 아닌 것은 고유의 색과 향을 얻을 수 없고 빨리 질겨진다.

과일은 비타민 C가 산화할 수 있으므로 통풍이 잘 되는 반그늘에서 말린다. ❶채소는 끓는 물에 데치거나 생으로 서로 닿지 않도록 ❷채반에 넓게 펴서 햇볕에 말린다. 해초류는 옅은 소금물에 흔들어 씻어 염분을 빼고 채반에 널어 바람이 잘 통하는 햇볕에서 바삭하게 말린다.

말린 재료들은 수분이 없기 때문에 ❸지퍼백에 담아 실온에 보관하되 장마철에는 냉동고에 보관한다(❹지퍼백에 라벨지를 붙여 이름을 적어두면 꺼낼 때 찾기 편하다). 재료에 따라 바삭하게 말리지 않고 수분감 있게 수들수들 말리는 것(토마토, 호박, 가지, 무 등)도 있는데 이런 경우는 냉동실에 보관해야 곰팡이가 생기지 않는다.

봄나물은 여리고 부드러워 굳이 말릴 필요가 없지만 단오가 지나면 억세지므로 데쳐서 말리는 것이 좋다. 독성이 생기는 것은 먹지 않는다.

여름에는 습도가 높아 사실상 외부에서 말리기가 쉽지 않으므로 오븐이나 건조기를 이용한다.

일 년 중 말릴 거리가 가장 많은 때는 가을이다. 가을에는 제철음식도 풍부하지만 바람과 햇볕이 좋고 습도가 낮아 식재료를 말리는 동안 곰팡이가 피거나 상하지 않는다.

겨울에는 기온에 따라 얼렸다 녹이기를 반복하면서 얼말리는 방법이 있는데 이렇게 하면 더욱 꼬들꼬들한 질감을 가져 맛있는 말린 식품을 맛볼 수 있다.

2. 병조림

유리병에 식품을 채워 밀봉하고 가열·살균한 것을 병조림이라고 한다. 병조림은 병 속의 내용물을 볼 수 있지만 직사광선이 통과하여 식품이 변색되거나 변질되기 쉬우므로 건냉하고 어두운 곳에 보관하는 것이 좋다. 병조림은 통조림과 보존 원리는 같지만 주석이나 금속 성분이 녹아 나오지 않아 위생적이다. 미국이나 유럽에서는 유아용 식품에는 병조림을 사용하도록 권장하고 있다.

❶햇 옥수수나 콩, 채소 등을 잘 씻어 병에 담을 때 모양과 크기, 숙성도, 색깔 등이 비슷해야 양념이 고르게 배고 열을 고르게 받아 보존성이 높아진다.

채소나 과일은 병조림을 하기 전에 뜨거운 물에 데치거나 팔팔 끓는 조미액을 부어 전처리를 해야 한다. 그래야 산화효소를 파괴하여 저장 중 식품의 변질을 방지할 수 있다. ❷소독한 병에 내용물을 담고 조미물을 부어 익힌 뒤 ❸물이 담긴 냄비에 넣고 팔팔 끓인 다음 뚜껑을 닫고 뒤집어 식힌 뒤 만드는 데 내용물이 단단하면 압력솥에 넣고 고온고압으로 조리하기도 한다. 또 미리 가열 조리한 내용물을 뜨거울 때 소독한 병에 채우고 뚜껑을 살짝 닫은 다음 물속에서 가열하여 살균하기도 한다. 장조림이나 멸치볶음, 깻잎찜 등의 조림반찬도 같은 방법으로 만들어 저장기간을 늘릴 수 있다.

3. 당장

당장법은 설탕을 이용하여 과일이나 채소 등을 장기 보존할 목적으로 만든 저장식이다. 고농도의 설탕을 식재료에 넣으면 식재료의 수분을 빼내는 탈수작용으로 미생물이 번식할 수 없도록 방부효과와 식품의 산화를 방지하는 효과가 있다.

당장에 사용하는 설탕은 순도가 높고 무향이며 재료의 풍미를 그대로 살려 주는 백설탕이 적합하다. 그래뉴당을 사용하기도 한다. 유기농설탕이나 흑설탕을 사용하기도 하는데 맑은 시럽이나 과일의 풍미가 백설탕을 사용했을 때보다는 좋지 않은 편이지만 개인의 기호에 맞춰 사용하도록 한다.

당장법에는 잼, 마멀레이드, 콩포트, 시럽, 청, 효소, 정과 등이 있다. 약간의 단맛과 즙이 있는 과일과 채소라면 모두 만들 수 있는데 제철의 싱싱한 재료를 사용해야 과즙이 풍부하고 향도 좋은 결과물을 얻을 수 있다. 상처가 난 과일이나 채소류는 도려내고 사용하는 것이 좋다.

감귤처럼 껍질도 먹을 수 있는 과일류는 왁스코팅된 표면을 베이킹소다로 문질러 씻은 뒤 뜨거운 물로 꼼꼼히 세척해야 한다. 너무 단단하거나 수분감이 없는 과일이나 채소는 믹서에 갈거나 주스와 과즙 같은 수분을 첨가하여 만들기도 한다. 과일과 채소에는 펙틴이라는 식이섬유가 있어 조리거나 절이면 걸쭉한 농도가 생기는데 산도가 높은 과일이나 채소에는 펙틴질이 부족해 시판 펙틴을 첨가하기도 한다.

절임, 청, 효소 등은 크게 보면 같은 범주다. 과일이나 채소를 설탕이나 꿀에 재워 두었을 때 위에 떠오르는 맑은 물을 청이라고 하고 절여진 과육은 절임, 청을 오랜 시간 숙성시킨 것은 효소라고 한다.

잼이나 마멀레이드, 콩포트, 시럽은 가열하여 만든 것이고, 절임, 청, 효소는 가열을 하지 않아 원재료의 풍미를 더욱 많이 가지고 있다.

청이나 효소를 만들 때 설탕은 손질한 과일이나 채소의 동량을 넣는데 아파트는 주택이나 실외보다 따뜻하므로 동량보다 많은 양인 1.2~1.5배 정도의 설탕을 넣는 것이 좋다. 마지막에 올리고당을 약간 넣어 주면 설탕이 빨

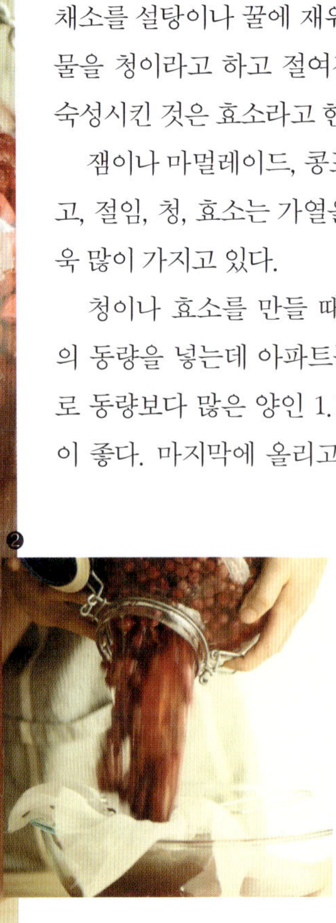

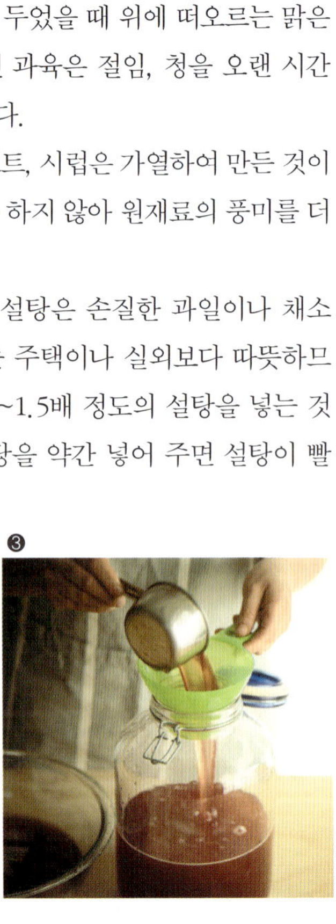

리 녹고 과일이나 채소가 청 밖으로 나와 부패되는 것을 막을 수 있다. 청이나 효소를 만들고 남은 과일이나 채소 절임은 곱게 갈아서 잼으로 활용할 수 있고 그대로 소주나 청주를 부어 2~3개월 정도 숙성시키면 과일주나 채소주를 만들 수도 있다.

　과일이나 채소를 설탕에 졸여 잼이나 콩포트 등을 만들 때 저장성을 높이기 위해서는 과육 무게의 50퍼센트 정도의 설탕을 사용하고 제철의 단맛이 강한 식재료는 설탕의 양을 30퍼센트 정도로 줄여서 만들어도 좋다. 단맛이 강한 열대과일이나 텁텁한 단맛이 나는 단호박 같은 채소류에는 소금을 약간 첨가하면 깔끔한 단맛을 느낄 수 있다. 잼이나 시럽의 완성 단계에서 풍미를 주기 위해 럼주나 와인을 넣기도 하고 꿀이나 올리고당을 넣어 부드러운 질감을 주기도 한다. 레몬즙을 뿌리거나 넣으면 상큼한 맛이 돌고 과일이나 채소의 색상이 선명해진다.

　❶잼은 신선한 과일에 설탕을 뿌려 과일의 수분이 설탕을 녹이게 한 뒤 과일의 종류에 따라 ❷레몬즙을 뿌리고 과일이 물러 농도가 생길 때까지 ❸중약불로 졸여서 만든다. 잼을 만들 때 조금 묽다 싶을 때 불을 꺼야 식은 뒤에 적당한 농도가 된다. 잼 방울을 찬물에 떨어뜨렸을 때 풀어지지 않고 방울지면 적당한 농도다. 당장을 할 때 독특한 풍미를 주기 위해 민트나 세이지(샐비어) 같은 허브나 생강, 계피 등을 함께 사용하기도 한다.

4. 산절임

산절임은 식품에 산을 첨가하여 pH4.0~4.5 상태로 만들어 저장성을 높이는 방법이다. 식품에 식초나 젖산 등을 첨가하고 공기를 차단하면 호기성세균과 곰팡이, 효모 등의 미생물 번식이 억제되어 부패를 방지한다.

산도가 높은 식초물에 설탕이나 소금, 향신 채소 등을 첨가하면 조미 효과뿐 아니라 미생물 발육을 저지하는 효과도 크다. ❶기호에 따라 건고추, 팔각, 월계수잎, 대파, 마늘, 생강, 허브 등을 넣기도 하고 여러 가지 향신채소와 허브를 모아둔 피클링 스파이스를 넣기도 한다.

산절임법에는 피클, 간장장아찌, 초절임, 김치 등이 있다. 김치는 염장과 산절임법의 혼용 방법으로 약한 산성에서 특정의 젖산과 효모가 발효하여 독특한 풍미를 이룬 식품이다.

초절임에 사용하는 식초는 천연 양조식초가 좋다. 양조식초의 '양조'는 술을 만든다는 의미로 식초를 만드는 과정과 술을 만드는 과정이 거의 동일하기 때문에 양조와 식초를 합쳐 양조식초라고 한다. 천연식초는 쌀이나 곡물, 과실 등에 효모를 가하거나 자연 발효시켜 액을 걸러 숙성하여 향미를 조숙調熟시킨 뒤 정제 → 여과 → 살균의 과정을 거쳐 시초로 만든다.

시판 식초 중에는 빙초산이나 양조용 주정, 감미료, 색소 등을 섞은 것이 많으므로 선별하여 사용한다. 과일식초는 과일 향이 들어 있어 독특한 풍미를 주지만 천연양조법으로 만든 것이 거의 없으므로 선별하여 사용한다.

채소의 풍미를 제대로 살리기 위해서는 무향의 양조식초나 현미식초를 사용하는 것이 좋고 식초에 매실청이나 유자청 등을 섞으면 독특한 풍미가 생겨서 좋다. 채소 자체에 향이 없다면 와인식초나 발사믹식초, 기타 과일식초를 사용하기도 한다. 식초가 발효식품이기 때문에 식초를 저장식품에 사용하면 다른 저장식품보다 단시간에 맛을 낼 수는 있지만 장아찌처럼 오래 두고 먹을 수는 없다.

일반적인 초절임저장식은 소금에 절이거나 ❷끓는 물에 데쳐 효소 작용을 억제한 채소를 소독한 병에 담고 ❸초절임물을 부어 만드는 데 무나 오이같이 단단한 채소는 뜨거운 초절임물을 부으면 숙성 후 훨씬 아삭한 식감을 느낄 수 있다. 뜨거운 초절임물을 부었을 때는 초절임물이 완전히 식은 뒤 ❹뚜껑을 닫아야 채소가 익지 않는다. 열에 약한 채소나 탄수화물이 포함된 채소는 끓여서 식힌 초절임물을 부어야 채소가 설익는 것을 막을 수 있다.

5. 염장과 장절임

염장은 식재료에 소금을 첨가하여 저장성을 높인 식품 저장법이다. 고농도의 소금이 식품에 침투하면 식품이 탈수되어 호기성세균이 자라지 못하는 환경이 만들어지기 때문이다. 소금이 식품의 세포막에 침투해 삼투압 작용으로 식품에서 수분이 빠져나가 식품 변질의 원인이 되는 미생물이 자라지 않고 소금물 속에서 미생물이 원형질 분리를 일으켜 번식이 억제되기 때문에 저장성이 높아진다.

식품의 수분감이나 조리방법에 따라 마른 소금을 뿌리는 건염법 혹은 살염법撒鹽法이나 소금물에 담가 두는 침수법 혹은 염수법鹽水法으로 저장할 수 있다. 건염법 혹은 살염법은 식품 무게의 10~15퍼센트의 소금을 사용하고 염수법은 식품 무게의 20~25퍼센트의 소금을 사용한다. 육류, 어패류, 채소류 등 다양한 종류를 저장할 때 사용할 수 있으며 자반생선, 어란, 젓갈류, 햄, 베이컨, 김치, 무짠지, 오이지 등이 대표적인 염장식품이다. 염장한 식재료는 말리거나 훈연하여 굴비나 햄, 베이컨 등의 독특한 풍미를 가진 식품을 만들기도 한다.

염장법에 사용되는 소금은 간수가 빠진 천일염이 좋다. 천일염은 정제염에 비해 무기질이나 미네랄이 풍부해 염장이 되는 과정에서 짠맛 이외에도 특유의 감칠맛을 줄 수 있다. 질 좋은 국산 천일염은 결정의 크기가 고르고 손으로 만졌을 때 수분감이 거의 없다.

된장이나 간장, 고추장에 식재료를 담가 저장하는 법은 장절임이라고 하는데 염장법의 한 종류로 볼 수 있다. 일반적으로 간장장아찌, 고추장박이, 된장박이 등이 이에 속한다. 장절임을 할 때는 ❶채소를 염장하거나 데치고 말리는 등의 전처리를 하여 수분을 제거하고 호기성세균의 침투를 억제하여 장아찌물을 붓거나 ❷장에 버무려 박아 두어 ❸숙성시킨다. 장절임에 사용하는 된장이나 고추장은 맛이 떨어진 집된장이나 고추장을 사용하면 채소의 수분과 향이 배어들어 맛있게 먹을 수 있다. 시판 된장이나 고추장을 사용하면 가격은 저렴하나 시판 장에 함유되어 있는 여러 화학 조미 성분을 함께 섭취할 수 있는 단점이 있다.

장절임용 간장은 자연숙성된 양조간장을 사용하는 것이 좋은데 국간장을 사용하면 색이 맑고 짠맛이 강하고 진간장을 사용하면 색이 진하고 짠맛이 덜하다. 반면 가격이 다소 저렴한 산 분해 간장은 콩을 화학적인 공법으로 염산과 가성소다를 활용해 가수분해하여 만든 간장으로 산 분해 간장에 설탕과 방부제, 캐러멜 등을 더하여 진간장을 만들기 때문에 장아찌를 만들었을 때 깊은 감칠맛보다는 인공적인 맛이 강하게 난다.

염장 혹은 장절임법은 독특한 풍미의 저장반찬을 만들 수 있는 좋은 방법이다. 하지만 소금의 과잉섭취가 건강에 좋지 않기 때문에 염도를 줄여서 냉장이나 냉동 보관한다. 또 데치기, 말리기, 당장 등의 전처리를 거친 후 식재료의 수분을 제거하여 소금이나 장의 사용량을 줄이거나 식초나 당을 첨가하여 염도를 낮추어 이용하는 경우가 많다.

6. 발효

발효는 식재료에 미생물이 각종 효소를 분비하여 유기화합물을 산화·환원 또는 분해·합성시키는 반응이다. 부패도 미생물이 유기물에 작용해서 일으키는 현상이라는 점에서는 발효와 같다. 다만 인간에게 유용한 물질이 만들어지면 발효라 하고 유해하거나 원하지 않는 물질이 생성되면 부패라고 한다.

저장기술이 발달하지 못했던 시대에는 음식을 발효시켜 저장성을 좋게 하였는데 발효 과정에서 음식의 맛과 향이 좋아지고 소화하기 쉬운 상태로 변하면서 독특한 풍미를 만들었기 때문에 미식의 한 방법으로도 애용되었다. 우리 주위에서는 주류, 식혜, 빵류, 식초, 콩 발효식품(간장·된장·고추장 등), 발효유제품(치즈·버터·요구르트 등), 소금절임류(김치·젓갈 등)의 발효식품을 쉽게 찾아볼 수 있다.

신선한 제품과는 또 다른 풍미와 기호로 다른 나라의 발효음식들도 국가와 세대를 불문하고 소비가 점점 증가하고 있다. 발효는 범위가 광대하고 구분법이 모호하기 때문에 이 책에서는 염장법과 산저장법, 당장법을 따로 분리하여 설명하였다.

발효를 도모하는 과정에서 과다한 소금이나 장, 당분 등이 사용되어 발효음식이 외면받기도 하지만 발효음식은 재료를 불에 익히거나 조리하지 않기 때문에 재료의 영양을 그대로 먹을 수 있는 생식의 일종이다. 그렇기 때문에 음식물 쓰레기나 화석연료의 피해가 없어 환경의 오염이 없는 진정한 에코 푸드이다. 또한 발효음식은 발효과정을 거치기 위해 재료를 씻고 절이는 전처리 과정과 발효하는 과정에서 재료에 잔류 농약이나 중금속 등의 유해 성분들도 거의 사라지기 때문에 환경 재앙의 시대에 안심하고 먹을 수 있는 친환경 조리식이다.

한국음식에 들어가는 간장, 고추장, 된장 등은 모두 콩을 발효시켜 얻은 부산물로 독특한 풍미가 있고 밭에서 나는 쇠고기인 콩을 소화하기 쉬운 형태로 만들어 먹을 수 있기 때문에 건강식으로 주목받고 있다.

전통적인 장류는 잘 고른 가을 콩을 무를 정도로 푹 찐 다음 으깨어 네모반듯하게 모양을 잡아 메주를 만든 뒤 짚으로 엮어서 걸어 두면 짚에 붙어있던 발효균과 공기 중의 균이 콩의 단백질을 먹고 발효 작용을 일으켜 곰팡이가 생기는데 ❶이 메주를 깨끗한 물로 씻은 다음 ❷장독에 넣고 진하게 푼 소금물을 붓고 ❸숯과 붉은 고추, 대추를 띄워 2~3개월 양지 바른 곳에서 숙성시킨다. 메주에서 시커먼 물이 올라오면 베 보자기나 고운 체에 받쳐 물만 걸러내어 뭉근한 불에 달이면 간장을 얻을 수 있고 무른 메주를 으깨어 된장으로 만들어 사용할 수 있다(이 책에서는 장독 대신 도시 생활을 하는 사람들에게 현실적인 밀폐 용기를 사용했다).

간장의 경우 묵을수록 맛이 좋아지는 반면 된장은 햇된장일수록 맛이 좋다. 묵은 된장의 풍미가 떨어지면 메줏가루나 삶은 메주콩을 넣고 다시 버무려 사용하면 된다.

고추장은 찹쌀가루, 고춧가루와 메줏가루, 엿기름가루, 천일염으로 만드는 데 찹쌀가루를 익반죽해서 구멍떡을 삶아 꽈리가 일도록 저은 후 묽게 갠다. 묽은 엿기름물(조청), 메줏가루, 고춧가루를 묽게 갠 구멍떡 물에 섞어 갠 후 항아리에 담고 숙성시킨다. 경우에 따라서는 구멍떡을 엿기름물에 곱게 푼 뒤 메줏가루, 고춧가루, 소금을 넣고 섞기도 한다. 아파트 생활에서는 장을 숙성하는 동안 햇볕을 고르게 받는 것이 힘들고 많은 양을 만들어 보관하기가 쉽지 않아 메줏가루를 이용한 막장, 과일청이나 조청을 이용한 고추장 등을 만들어 먹는 가정도 늘고 있다. 이 책에서는 막장과 과일을 이용한 고추장을 만들었다.

식초는 과일이나 채소, 곡물에 소량의 당이나 효모 등을 가미해 발효시켜 알코올을 만든 뒤 초산 발효과정을 거쳐 만든다. 요새 열풍인 과실청이나 과일식초는 ❶과일을 으깨거나 주물러서 무르게 한 뒤 경우에 따라 당분을 넣고 ❷❸숙성발효시켜 만든다. 가정에서는 매실, 포도, 사과, 감식초 등을 손쉽게 만들 수 있는데 시판 식초에 비해 유기산이 다량 들어 있기 때문에 건강에도 좋고 산도가 부드럽고 향이 좋다. 우리가 부엌에서 주로 쓰는 주정과일식초는 주정을 초산 발효시켜 식초를 제조한 후 과실 원액을 넣은 합성식초로 직접 만든 과일식초와는 차이가 있다.

제철 재료의 시기

딸기	1~4월	오이	7월 중순~9월
오렌지	5~6월	가지	7월 중하순~10월 초순
체리	5월 초중순~6월 중하순	애호박	8~10월 중순
다래	4~5월	풋고추	6월 중하순~7월
블루베리	5월	고추·홍고추	8~10월 초순
앵두	5월 초중순~6월	포도	7월 초중순~10월 중하순
완두콩	5월 하순~6월	사과	9월 초순~10월
쑥·고사리	3~5월 초순	배	9~11월 초순
취나물	4월 초순~5월 중하순	무화과	10~11월
마늘종	5월	당근	6월 하순~7월 초순, 11월 중하순
두릅·엄나무	3월 하순~5월 중하순	고구마	9월 초중순~10월 초순
아스파라거스	4~6월 초중순	토란	9월 중하순~10월 중하순
죽순	4월 초중순~5월 중순	늙은호박	11월
머윗대	5월	배추·무	11월 초순~12월 초중순
도라지·더덕	5~6월 초순	우엉	7월 하순~11월
마늘·양파	5월 하순~6월 중순	연근	9~이듬해 5월
토마토	6~10월 초중순	생강	10~11월
매실·오디	6월 초순~7월 초순	감·밤·대추	10월 초순~11월 초순
자두·살구	7월	귤·레몬	10~12월 초순
복숭아	6월 초순~8월	미역·톳·파래	1~3월 중하순
참외	7~8월	봄나물	1~3월 중하순
수박	7~8월		
감자	7월 초순~8월 전		
옥수수	7월 초중순~8월 초순		

어린아이의 목욕탕만큼 커다란 양은 대야에 딸기가 가득 담겨 배달되어 오면 봄 단도리가 시작됩니다. 친정엄마는 딸기를 모양별로 골라 잼도 만들고 크기별로 골라 콩포트도 만드셨지요.
참 이상하지요? 엄마 곁에서 하나씩 주워 먹는 딸기는 예쁜 접시에 가득 담아주시는 딸기보다 훨씬 맛있고 달콤해서 자꾸만 손이 가요.
봄 저장음식 단도리는 여름 장마를 건강하게 보낼 수 있는 알뜰 살림 밑천이 됩니다.

3월

내리쬐는 햇살도 불어오는 바람도 살갗에 닿는 느낌이 부드럽습니다. 잔디도 나무도 연둣빛 새싹을 뾰족뾰족 내밀기 시작하면 몸도 마음도 분주해집니다. 이제 한 해의 살림 농사 준비를 해야 할 시기입니다.

4월

찬란하게 피었던 목련도 아련한 첫사랑을 기억하고 싶은 벚꽃도 바람에 흩날리며 지고 있습니다. 따뜻한 햇볕을 온몸으로 받으며 김밥, 샌드위치, 모양 낸 도시락을 싸들고 공원으로 소풍이라도 가고 싶어지는…. 아, 정말 봄입니다.

5월

세상이 온통 녹색으로 물들고 나무마다 주렁주렁 열매가 풍성해집니다. 깨끗하게 다듬어 말리기도 하고 피클도 담그고 장아찌도 담가 일 년 내내 먹을 것들을 차곡차곡 저축이라도 하듯 저장합니다. 이제 곧 장마가 들이닥칠 기세입니다.

쑥 말리기

요새는 쑥 캐는 풍경을 찾아보기 힘들죠. '7년 간 병에 3년 묵은 쑥을 찾는다'는 속담이 있습니다. 쑥은 영양이 풍부하여 80그램만 섭취해도 하루의 필요한 무기질과 비타민을 얻을 수 있습니다. 그 만큼 소화 흡수를 돕고 몸을 따뜻하게 하는 건강식품입니다.

재료
햇쑥 8~10줌(500g)

만들기
1. 쑥은 이물질을 제거하고 깨끗하게 씻는다.
2. 채반에 널어 바람이 잘 통하는 양지에서 2~3일 정도 말린다.

Tip : 말린 쑥은 따뜻한 물에 우려 차로 마셔도 좋고 가루로 만들어 빵이나 떡의 천연색소로 사용해도 좋다. 쑥을 삶아서 말리면 색깔도 짙어지고 질기기 때문에 그냥 말린다. 웃자란 쑥은 데쳐서 말리기도 한다.

고사리 말리기

잎이 피기 전의 고사리를 보면 아가들의 손을 왜 '고사리손'이라고 하는지 알 것 같습니다.
추위가 가시고 옷도 얇아지면 할머니는 자루 가득 고사리를 꺾어 오셨는데 한 움큼씩 묶어 꽃다발이라며 놀았던 기억이 납니다.
추억 때문인지 말린 나물 중 고사리만큼 맛있는 나물도 드문 것 같아요.

재료
생고사리 4줌(1kg), 소금 약간

만들기
1. 고사리는 잘 씻어 넉넉한 끓는 물에 소금을 약간 넣고 삶아 찬물에 헹군다.
2. 1을 채반에 널어 바람이 잘 통하는 양지에서 2~3일 정도 말린다.

Tip : 봄에 나는 고사리를 직접 말리면 향도 좋고 시판 제품보다 질감도 부드럽다.

취나물 말리기

앞뒷면에 부들부들 하얀 솜털이 달린 산취는 향이 좋고 식감이 쫄깃해서 말려 두면 일 년 내내 유용하게 먹을 수 있습니다. 이른 봄의 여린 하우스 취보다는 단오 전에 나오는 산취가 더욱 좋아요. 말린 취는 찬물에 불려 부드러워지면 끓는 물에 데쳐 쓴맛을 우려내고 들기름이나 참기름에 볶거나 국을 끓이면 향기로워요.

재료
취나물 5줌(500g), 소금 약간

만들기
1. 취나물은 시든 잎을 다듬고 잘 씻어 넉넉한 끓는 물에 소금을 약간 넣고 삶는다.
2. 삶은 취나물을 찬물에 헹군 뒤 물기를 꼭 짠다.
3. 2를 채반에 널어 바람이 잘 통하는 그늘에서 1~2일 정도 바삭 말린다.

Tip : 향긋하게 말린 취나물은 식이섬유를 효과적으로 섭취할 수 있고 열량이 낮다.

가죽 말리기

가죽은 참죽나무의 여린 순으로 참죽나물, 가중이나물이라고도 합니다. 살짝 말려서 장아찌를 담그거나 불려서 나물로 무쳐 먹으면 좋습니다. 말린 가죽은 진하고 감칠맛이 좋아 사찰에서는 채숫물을 만들어 국물요리를 하기도 해요. 또 바로 튀겨 튀각으로 만들어 먹기도 합니다.

재료
가죽 5줌(500g), 소금 약간

만들기
1. 가죽은 시든 잎을 다듬고 잘 씻어 넉넉한 끓는 물에 소금을 약간 넣고 삶는다.
2. 삶은 가죽가물을 찬 물에 헹군 뒤 물기를 꼭 짠다.
3. 2를 채반에 널어 바람이 잘 통하는 그늘에서 2~3일 정도 말린다.

Tip : 채소와 나물을 삶을 때 소금을 약간 넣으면 푸른색이 짙어진다. 독특한 향과 맛이 일품인 가죽나물은 잎이 부드럽고 연하면서 보랏빛을 띠는 것이 좋다. 가죽나물은 팬에 기름을 조금 두른 뒤 전을 부쳐 먹어도 좋다.

가죽찹쌀부각

부각을 만들 때 채소를 바삭하게 말리지 않고 약간 꾸들꾸들하게 말린 뒤 찹쌀풀을 바릅니다. 찹쌀풀은 찹쌀가루보다 밥풀로 만들면 튀길 때 모양도 예쁘고 식감도 좋아요.

재료
가죽 5줌(500g), 소금 약간

찹쌀풀
찹쌀 1/3컵, 설탕 1작은술, 소금 1/2작은술

만들기

1. 가죽은 시든 잎을 다듬고 잘 씻어 넉넉한 끓는 물에 소금을 약간 넣고 삶아 찬물에 헹군 뒤 물기를 살짝 짠다.

2. 1을 채반에 널어 바람이 잘 통하는 그늘에서 하루 정도 말린다.

3. 찹쌀을 잘 씻어 2시간 정도 불려 분량의 양념과 물을 넣고 주걱으로 저어가며 푹 퍼지게 끓여 식힌다.

4. 2에 3을 바르고 통깨를 뿌린 뒤 2~3일 정도 바싹 말려 170도로 달군 식용유에 바삭하게 튀겨낸다.

Tip : 찹쌀풀을 발라서 말린 후 튀긴 것은 부각이라 하고 바로 튀겨낸 것은 튀각이라고 한다.
나물을 말릴 때 바람이 통하지 않으면 선풍기를 이용해도 좋다.

죽순 말리기

죽순은 대나무의 땅속 줄기에서 돋아나는 어리고 연한 싹인데 잘라 낸 뒤에도 계속 자랍니다. 봄에 아주 잠깐만 맛볼 수 있는 별미라 아쉽지만 말려서 보관하면 일 년 내내 나물이나 조림으로 만들어 먹을 수 있습니다. 바로 수확한 것이 가장 부드럽고 맛있습니다.

재료

생죽순 3대

만들기

1. 생죽순은 겉껍질만 살짝 벗겨 넉넉한 쌀뜨물에 넣고 1~1시간 30분 정도 삶는다.

2. 1의 죽순을 그대로 식혀 빈 내절 정도 우린 뒤 껍질을 벗긴다.

3. 빗살무늬를 살려 얄팍하게 썰어 채반에 널어 2~3일 정도 말린다.

Tip : 죽순은 따자마자 바로 삶았을 때가 가장 맛있다. 햇볕이나 공기와 접촉하면 좋지 않은 잡맛을 내기 때문에 죽순을 따자 마자 쌀뜨물에 삶는다. 쌀의 녹말 성분이 죽순의 아린 맛을 제거해 주는 효과가 있다. 죽순은 물기 있게 수들수들 말려서 냉동실에 보관해도 좋고 바삭 말린 뒤 끓는 물에 데쳐 불려서 사용해도 된다.

김부각

김을 만들고 굽는 기술은 우리나라가 최고지요. 겨울에 구입한 향 좋은 제철 김도 장마를 앞둔 봄철에는 색이 변하고 맛과 향이 떨어지기 쉽습니다. 미리 부각을 만들어 두면 김의 풍미를 살려 오래도록 먹을 수 있습니다.

재료
김 50장, 통깨 3큰술, 식용유 적당량

찹쌀풀
찹쌀가루 2큰술, 다시마물 1컵, 설탕 2작은술, 소금 약간

만들기

1. 냄비에 찹쌀가루와 다시마물, 설탕, 소금을 넣고 끓을 때까지 약 불에서 천천히 저어가며 찹쌀풀을 만들어 식힌다.

2. 김을 펴놓고 식힌 1을 고루 바른 후 다시 김을 올려 찹쌀풀을 발라준다.

3. 군데군데 통깨를 뿌려준다.

4. 3을 채반에 널어 하루나 이틀 정도 말린 뒤 한입 크기로 잘라 달군 기름에 튀겨낸다.

Tip : 빛깔이 검고 광택이 나며 향기가 좋고 불에 구울 때 청록색으로 변하는 것이 좋은 김이다. 물에 젖거나 햇빛에 노출되면 향기도 사라지고 김의 풍미도 잃게 되므로 보관에 신경써야 한다. 부각용으로 만들 김은 냉동 보관하고 먹을 때마다 튀겨 먹는다.

봄햇살칩

따사로운 봄볕에 말린 과일은 수분이 빠지면서 단맛이 상승해요. 햇살칩은 맛도 달고 향도 좋은 천연 간식입니다. 따뜻한 물을 부어 차로 마셔도 좋아요. 금방 물러 상하기 쉬운 딸기나 다래를 말려두면 저장성도 높아져서 오래 보관할 수 있습니다.

재료
딸기 적당량, 오렌지 적당량, 다래 적당량, 베이킹소다 약간

만들기

1. 딸기는 흐르는 물에 잘 씻어 꼭지를 따고 모양을 살려 5밀리미터 두께로 썬다.

2. 오렌지는 베이킹소다로 문질러 씻은 뒤 5밀리미터 두께로 썬다.

3. 다래는 잘 씻어 껍질을 벗기고 5밀리미터 두께로 썬다.

4. 1, 2, 3을 채반에 널어 바람이 잘 통하는 반그늘에서 2~3일 정도 말린다.

Tip : 딸기나 다래같이 쉽게 무르는 과일은 말려두면 저장성이 높아 오래 보관할 수 있다.
과일을 말리면 향긋한 과일차나 훌륭한 간식이 된다. 과일은 직사광선에 말리면 비타민 C가 산화하므로 반그늘에서 말리거나 건조기를 사용하기 권한다.

딸기잼·콩포트

잼의 정석은 역시 딸기잼이지요. 딸기는 쉽게 무르고 며칠만 지나도 곰팡이가 슬 정도로 보관이 쉽지 않습니다. 한겨울에도 볼 수 있는 요즘은 딸기로 잼을 만들면 두고두고 딸기의 정취를 느낄 수 있지요. 콩포트는 과일을 설탕에 조려 차게 만들어 보관하는 과일절임으로 과일을 절였던 시럽 또한 과일의 풍미가 남아 제철이 아닐 때 차로 마시거나 빵이나 쿠키를 만들 때 요긴하게 사용할 수 있습니다.

딸기잼

재료

딸기 5줌(500g, 5컵), 설탕 1~1¼컵(200~250g), 레몬즙 1큰술

만들기

1. 딸기는 잘 씻어 꼭지를 따고 물기를 뺀 다음 대충 으깨어 설탕과 레몬즙을 뿌린다.
2. 딸기가 절여지면 과육과 물을 모두 냄비에 담고 중불로 끓인다.
3. 끓어오르면 거품을 걷어내면서 되직한 농도로 졸인다(찬물에 떨어뜨렸을 때 풀어지지 않으면 좋은 농도).
4. 소독한 병에 담고 거꾸로 뒤집어 놓은 뒤 식으면 다시 뒤집어 놓는다.

딸기콩포트

재료

딸기 5줌(500g, 5줌), 설탕 1¼컵(250g), 레몬즙 2큰술, 럼주 1큰술

만들기

1. 딸기는 잘 씻어 꼭지를 따고 물기를 뺀 다음 설탕과 레몬즙을 뿌린다.
2. 딸기가 절여지면 냄비에 담고 중불로 끓여 설탕을 다 녹인다.
3. 2를 체에 밭쳐 국물만 강불로 끓인다.
4. 끓어오르면 절인 과육을 넣고 중불로 끓인 뒤 불을 끄고 럼주를 넣어 섞는다.
5. 따뜻할 때 병에 담고 뒤집어 식힌다.

Tip : 딸기잼을 만들 때 단맛이 강한 딸기는 설탕을 1컵만 넣고 단맛이 덜한 딸기는 설탕을 조금 더 넣는다. 콩포트에는 와인, 럼주, 브랜디 같은 향 좋은 술을 넣을 때 풍미를 살리려면 마지막에 넣는다.

오렌지 마멀레이드

오렌지마멀레이드

마멀레이드는 감귤류 과일의 껍질과 과육을 설탕에 졸인 것으로 씹히는 식감이 있어 잼과는 다른 풍미가 있습니다. 겨울에 맛있게 먹던 귤이 점점 맛없어지기 시작하면 오렌지가 나오지만, 봄철에 수입된 오렌지의 맛과 향이 가장 좋습니다.

재료

오렌지 2~3개(600g), 레몬즙 5큰술, 설탕 1½컵(300g), 소금 약간

만들기

1. 오렌지는 뜨거운 소금물에 살짝 굴렸다가 꺼낸다.
2. 찬물에 바로 헹군 후 4등분하여 껍질과 과육을 분리하고 껍질 안쪽의 하얀 부분을 저며낸다.
3. 껍질은 곱게 채 썬 후 찬물에 10분 정도 담갔다 건진다.
4. 과육을 믹서나 분쇄기에 곱게 갈아 설탕, 레몬즙과 냄비에 넣고 끓인다.
5. 끓어오르면 불을 줄이고 채 썬 껍질을 넣고 한 번씩 저어가며 졸인다.
6. 적당한 농도가 되면 불을 끄고 바로 병에 담아 뒤집는다.

오렌지잼·오렌지필

오렌지잼

재료

오렌지과육 2~3개(중간 크기 600g), 설탕 1컵(200g), 레몬즙 1큰술

만들기

1. 오렌지 과육은 믹서기에 넣고 입자가 씹힐 정도로 갈아 설탕과 레몬즙을 뿌려 절인다.
2. 절여지면 과육과 절인 물을 모두 냄비에 담고 중불로 끓인다.
3. 끓어오르면 거품을 걷어내면서 되직한 농도로 졸인다.
4. 바로 소독한 병에 담는다.

오렌지필

재료

오렌지껍질 2개 분량(중간 크기 180~200g), 설탕 2½컵(500g), 물 2½컵(500ml)

만들기

1. 베이킹소다로 문질러 씻은 뒤 오렌지 껍질을 곱게 채 썬다(기호에 따라 굵게 썬다).
2. 1의 오렌지 껍질을 끓는 물에 넣고 10분 정도 끓여 쓴맛을 제거한다.
3. 설탕과 물을 젓지 말고 끓여 시럽을 만든다.
4. 3의 시럽에 쓴맛을 제거한 2의 오렌지 껍질을 넣고 하룻밤 절여 과육과 시럽을 분리한다.
5. 시럽만 끓여 뜨거운 시럽에 껍질을 넣고 하룻밤 절인다(이 과정을 일주일 동안 반복한다).
6. 껍질과 시럽을 모두 소독한 병에 담는다.

Tip : 오렌지잼은 과육을 넣지 않고 시럽을 졸여서 만들 수도 있다. 시럽에 담갔다 절이는 과정을 오래 할수록 필의 투명도가 좋아지고 쓴맛도 빠진다. 필은 차로 마셔도 좋고 다지거나 그대로 제과제빵 혹은 떡을 만들 때 사용한다. 당절임이 끝난 필을 건져 설탕을 묻힌 뒤 말려서 보관하기도 한다.

다래잼

토종 다래는 지금의 참다래와는 모양도 맛도 조금씩 차이가 있습니다. 마트나 시장에서 구할 수 있는 다래는 키위의 씨를 재배해 성공하여 우리나라에서 키운 것으로 참다래는 아닙니다. 다래는 과육이 살짝 무른 것으로 잼을 만들어야 신맛이 강하지 않고 맛도 있습니다.

재료
다래 9~10개(달걀 크기 500g), 설탕 1¼컵(250g)

만들기
1. 다래는 잘 씻어 껍질을 벗기고 사방 5밀리미터 크기로 다진 뒤 설탕을 뿌려 절인다.
2. 수분이 나오면 과육과 절인 물을 냄비에 옮겨 담고 중불로 끓인다.
3. 끓어오르며 생기는 거품을 걷어내고 주걱으로 저어가며 농도가 나게 졸인다.
4. 바로 소독한 병에 담아 뚜껑을 닫고 뒤집어 식힌다.

Tip : 다래잼은 다른 과일 잼보다 조금 더 묽은 듯 졸여야 식은 후에 딱딱해지지 않는다.

체리잼·콩포트

20대에 호기롭게 떠난 유럽 배낭여행에서 처음 본 체리의 맛을 잊을 수가 없습니다. 체리는 하트 모양으로 참 예쁘고 앙증맞기도 하지요. 배도 고프고 지쳐 힘들었던 배낭여행 중에 만난 새빨갛고 반짝이는 이국적인 체리 한 컵은 그야말로 여행의 비타민이었습니다.

체리잼

재료

체리 3컵(450g), 설탕 1컵(200g), 레몬즙 2큰술

만들기

1. 체리는 잘 씻어 반으로 갈라 씨를 뺀 뒤 대충 으깨어 설탕과 레몬즙을 뿌려 절인다.
2. 체리가 절여지면 냄비에 담고 중불로 끓여 설탕을 녹인다.
3. 중약불로 줄여 주걱으로 저어가며 농도가 생기게 끓인다.
4. 따뜻할 때 소독한 병에 담고 뒤집어 식힌다.

체리콩포트

재료

체리 3컵(450g), 설탕 1/2컵(100g), 레드와인 1컵

만들기

1. 체리는 잘 씻어 물기를 제거한다.
2. 냄비에 설탕과 레드와인을 넣고 강불로 끓여 설탕을 녹인다.
3. 끓어오르면 중불로 줄이고 1의 체리를 넣고 한소끔 끓인다.
4. 3을 그대로 식힌 뒤 체에 밭쳐 국물만 따라내어 중불로 다시 한 번 끓인다.
5. 체에 거른 체리를 4에 넣고 중약불로 15분 정도 끓인다.
6. 따뜻할 때 소독한 병에 담고 뒤집어서 식힌다.

Tip : 체리잼은 새콤달콤한 맛이 좋아 빵에 발라 먹어도 좋지만 고기요리(불고기나 갈비)에 설탕 대신 사용하면 윤기가 돌고 육질이 부드러워진다.
체리를 알맹이째 조린 콩포트는 살짝 검붉은 보라색과 와인 향이 은은하게 퍼져 베이킹 할 때 토핑용으로 좋다. 아이들에게 간식으로 줄 콩포트라면 반으로 갈라 씨를 빼고 만든다.

블루베리잼·콩포트

첫 아이를 임신했을 때 입덧이 심해 아무것도 먹지 못했는데 그런 아내와 달리 남편은 비싼 블루베리를 어찌나 맛있게 먹던지요. 나중에 어머니께서 남편도 입덧을 한 것이라고 말씀하셨지만 지금도 블루베리만 보면 묘한 감정이 교차합니다.

블루베리잼

재료

블루베리 3컵(300g), 설탕 3/4컵(150g), 레몬즙 1큰술

만들기

1. 블루베리는 잘 씻어 물기를 제거하고 볼아 담아 충분히 으깬다.
2. 1에 설탕과 레몬즙을 뿌려 설탕이 녹을 때까지 둔다.
3. 2를 냄비에 옮겨 담은 뒤 중불에서 주걱으로 저어가며 끓인다.
4. 적당한 농도가 되면 소독한 병에 담아 뚜껑을 덮고 뒤집어 식힌다.

블루베리 콩포트

재료

블루베리 3컵(300g), 설탕 3/4컵(150g), 레드와인 1/2컵(110ml), 레몬즙 1큰술

만들기

1. 블루베리는 잘 씻어 물기를 제거하고 볼에 담아 레몬즙과 설탕을 뿌려둔다.
2. 1에 레드와인을 붓고 설탕이 녹으면 국물만 체에 밭쳐 냄비에 담는다.
3. 2가 중불에서 끓어오르면 체에 밭친 블루베리를 넣고 한소끔 끓인다.
4. 3을 그대로 식힌 뒤 체에 밭쳐 국말만 따라내어 다시 강불로 끓인다.
5. 4를 중불로 줄이고 체에 밭친 블루베리를 넣고 한소끔 끓인다.
6. 따뜻할 때 소독한 병에 담고 뒤집어 식힌다.

Tip : 블루베리잼은 입자가 부드러워 모닝빵이나 식빵에 발라 먹기 좋다. 핫케이크나 스콘에도 잘 어울린다. 건더기를 다 건져 먹은 콩포트의 시럽은 잼보다는 덜 달고 과일의 향도 풍부해 차에 타서 마시거나 요리에 설탕처럼 사용할 수 있다. 색이 예뻐서 팬케이크나 베이킹을 할 때 천연색소로 사용한다.

앵두잼·콩포트

여러 가지 재료로 잼이나 콩포트를 만들지만 앵두잼처럼 예쁜 빛깔의 잼도 드물지요. 투명감과 붉은색이 적절히 어우러져 지인들에게 선물하기도 좋습니다.

앵두잼

재료

앵두 3⅓컵(500g), 설탕 1컵(200g), 레몬즙 2큰술

만들기

1. 앵두는 잘 씻어 수분을 제거하고 살짝 으깬 뒤 바닥이 두꺼운 냄비에 담고 설탕과 레몬즙을 뿌려 수분이 살짝 나올 때까지 절인다.
2. 1의 앵두를 중약불로 끓여 설탕을 완전히 녹인다.
3. 체에 밭쳐 국물과 건지를 거르고 건지를 부드럽게 으깨 씨를 걸러낸다.
4. 3에서 거른 국물과 체에 거른 건지를 냄비에 담고 강불로 한소끔 끓인 뒤 중약불로 줄여 농도가 날 때까지 끓인다.
5. 따뜻할 때 바로 병에 담고 뒤집어 식힌다.

1
2
3
4
5

앵두콩포트

재료

앵두 3⅓컵(500g), 설탕 1컵(200g)

만들기

1. 앵두는 깨끗하게 씻어 물기를 제거하고 바닥이 두꺼운 냄비에 담는다.
2. 1의 앵두에 설탕을 뿌려 살살 버무린 뒤 중약불로 끓여 설탕을 완전히 녹인다.
3. 2를 체에 밭쳐 국물만 강불로 한소끔 끓인다.
4. 3에 체에 밭친 앵두 과육을 넣고 중불로 앵두에 투명감이 생길 때까지 끓인 뒤 바로 병에 담고 뒤집어 식힌다.

Tip : 앵두잼을 만들 때는 씨가 커서 걸리므로 체에 걸러야 한다.
앵두콩포트를 만들 때는 강불로 끓이면 앵두알이 터져 지저분해지므로 중불로 서서히 조려야 한다.

앵두청

단오에 먹는 음료 중 앵두화채는 앵두를 설탕에 절였다가 오미자 국물에 띄워서 먹는데 고운 빛깔과 시원한 맛이 청량음료와는 달리 깊고 부드럽지요.

재료
앵두 3⅓컵(500g), 설탕 2½컵(500g), 올리고당 1/2~2/3컵(100~150g)

만들기
1. 앵두는 잘 씻어 수분을 제거하고 설탕에 버무려 병에 담는다.
2. 1에 올리고당을 부어 3개월 정도 숙성시킨 뒤 체에 걸러 소독한 병에 보관한다.

Tip : 색깔이 고운 앵두청은 탄산수와 섞으면 아이들이 좋아하는 탄산음료가 되는데 여름철 손님 접대 음료로도 좋다.

미삼꿀청

미삼은 봄 인삼을 솎아 내면서 생긴 인삼의 잔뿌리나 어린뿌리입니다. 인삼보다 쓴맛이 덜해 꿀이나 설탕에 재웠다가 차로 마시고, 고추장에 버무려 반찬으로 먹기에도 좋습니다. 봄에 에이드로 마시거나 차가운 우유와 같이 믹서기에 갈아 셰이크로 마셔도 좋습니다.

재료
미삼 5줌(250g, 5컵), 꿀 2컵(400g)

만들기
1. 미삼은 부드러운 솔로 문질러 씻어 수분을 제거한다.
2. 1을 병에 담고 꿀을 부어 2~3개월 절인 뒤 청만 따로 보관하거나 같이 두고 쓴다.

Tip : 청이나 절임을 만들 때 식재료에 수분이 있으면 발효되는 동안 겉물이 돌아 상하는 원인이 되므로 꼼꼼하게 수분을 제거해야 한다. 절이는 동안에 떠오르지 않게 무거운 것으로 누르거나 랩을 씌우는 것이 좋다.
청을 거르고 남은 미삼절임은 고추장이나 된장에 버무려 먹거나 간장을 부어 장아찌로 먹을 수 있고 곱게 갈아서 미삼잼을 만들 수도 있다.

완두콩병조림

콩을 좋아하지 않는 사람도 부드러운 햇완두콩은 먹는 것 같습니다. 제철의 햇완두콩은 껍질을 까고 냉동실에 보관하거나 병조림으로도 만들면 일 년 내내 먹을 수 있지요. 단, 시판 제품처럼 진한 초록색은 만들 수 없습니다. 시판 완두콩 통조림은 변색 방지를 위해 색소나 첨가물을 넣기 때문에 오랜 시간 가열하여도 딱딱하고 풍미가 없지요.

재료
완두콩 2컵(250g)

조미물
물 3컵, 굵은 소금 3큰술, 설탕 2작은술, 건고추 1개
생강 슬라이스 2쪽

만들기
1. 완두콩을 잘 씻어 병에 차곡차곡 담는다.
2. 병에 분량의 조미물을 팔팔 끓여 1에 부어준다.
3. 뚜껑을 살며시 덮고 깊은 냄비에 넣는다.
4. 병이 2/3쯤 잠기도록 물을 부어 20~25분 정도 팔팔 끓인다.
5. 뚜껑을 꽉 닫고 병을 거꾸로 세워 식혀 보관한다.

Tip : 크기와 무르기가 비슷한 완두콩을 병에 차곡차곡 담아야 양념이 고르게 배고 열도 고르게 받아 보존성이 높아진다. 홈메이드 병조림은 재료나 살균 정도, 보관 방법에 따라 3~6개월가량 보관하는 것이 가장 적당하고 길게는 1년 정도 보관이 가능하다. 대량의 완두콩은 껍질을 간 뒤 알만 냉동 보관하거나 말리거나 당장해서 보관할 수 있다.

양배추피클

동글넓적하고 순하게 생긴 얼굴의 양배추인형이 선풍적인 인기를 끌었던 적이 있지요. 서양 인형 중 얼굴이 제일 큰 인형 같은데 그래서인지 우리나라 사람들이 꽤 좋아했지요. 양배추피클을 만들 때 적양배추를 섞으면 피클물에 붉은색이 들어 색감이 예쁘지만 빨리 무르므로 많이 넣지 않는 것이 좋습니다.

재료
양배추 2통(1.2kg), 적양배추 1/4통(300g)
조리용 실 약간

피클물
물 2컵, 식초 2컵, 설탕 1½컵, 굵은 소금 1/2컵, 레몬 1/2개
페퍼론치노 2개, 피클링 스파이스 1큰술

만들기
1. 양배추와 적양배추 잎을 한 장씩 다듬어 씻어 사방 5센티미터 크기의 사각형으로 자른다.
2. 양배추를 5~6장씩 겹쳐 넣고 사이사이에 적양배추를 끼운 뒤 조리용 실로 고정한다.
3. 병에 2를 차곡차곡 담는다.
4. 피클물을 팔팔 끓여 4에 부어 완전히 식힌 뒤 뚜껑을 닫는다.
5. 일주일 정도 후에 다시 물만 걸러 끓여 식혀 부은 뒤 먹기 시작한다.

Tip : 양배추의 질긴 심을 저며내고 두께와 크기를 비슷하게 맞춘 뒤 실로 고정해야 익는 속도가 비슷하고 간이 고르게 배어든다.

도라지대추피클

남은 봄 도라지로 무엇을 만들까 고민하다가 피클을 만들었더니 색다른 맛이었어요. 서양요리와도 잘 어울리지는 도라지는 쓴맛을 제거한 뒤 피클을 담가야 맛이 있습니다. 도라지에 피클물이 잘 스며들도록 방망이로 자근자근 두드리면 더 맛있어요.

재료
도라지 8~10뿌리(300g), 대추 5개
굵은 소금 약간

피클물
물 1컵, 식초 1컵, 설탕 1컵, 굵은 소금 3큰술, 레몬 1/4쪽
건고추 1개, 통후추 약간

만들기
1. 도라지는 껍질을 돌려 벗겨 어슷하고 도톰하게 썰어 굵은 소금에 바락바락 주물러 씻은 후 수분을 제거하고 방망이로 자근자근 두드려 어슷하게 저며 썬다.
2. 대추는 끓는 물에 살짝 데쳐 잘 씻어 물기를 제거한 후 굵게 채 썬다.
3. 냄비에 피클물 재료를 넣고 끓여 식힌 후 체에 거른다.
4. 소독한 병에 도라지와 대추를 고루 담고 피클물을 부어 숙성시킨다.
5. 일주일 후 물만 따라내어 끓여 식혀 붓고 일주일 후부터 먹는다.

Tip : 도라지를 소금에 바락바락 주물러 씻으면 쓴맛은 사라지고 도라지 특유의 향긋하고 싱그러운 향과 맛은 되살아난다.

셀러리당근피클

어린 시절 텔레비전의 마요네즈 광고를 보면서 셀러리는 정말 맛있는 채소일 거라고 상상했어요. 나중에 먹어보고 한약 맛이 나 실망을 했지요. 셀러리는 질긴 섬유질을 벗겨야 간이 고르게 배어요. 셀러리와 당근을 함께 피클로 만들면 당근의 단맛이 배어 나와 셀러리의 강한 향과 맛이 잘 느껴지지 않아요.

재료
셀러리 5대, 당근 1/2개

피클물
물 1컵, 식초 1컵, 설탕 2/3컵, 굵은 소금 3큰술, 월계수잎 1장
레몬 1/2개, 통후추 약간

만들기
1. 셀러리는 잘 씻어 섬유질을 벗기고 5~6센티미터의 길이, 1.5센티미터 두께로 썬다.
2. 당근은 껍질을 벗기고 셀러리 크기로 썬다.
3. 셀러리와 당근을 병에 담는다.
4. 분량의 피클물을 팔팔 끓여 식혀 3에 부어준다.
5. 일주일 후 물만 따라내어 다시 끓여 식혀 붓기를 2회 정도 반복한다.

Tip : 셀러리는 잎과 줄기를 모두 먹을 수 있고 향미를 주는 채소로 서양요리에서 빼놓을 수 없는 채소로 사용된다. 섬유질이 풍부해 노폐물 배출에 좋고 특유의 향기 성분은 두통에 효과적이다.

그린빈마늘피클·아스파라거스양파피클

그린빈은 꽁깍지와 열매를 모두 먹는 껍질콩으로 콩깍지는 두껍고 부드러우며 달고 풍미가 있습니다. 소금으로 데치거나 버터나 올리브유에 볶아 먹으면 맛이 좋고 콩의 영양과 식이섬유를 다량 흡수할 수 있습니다.

아스파라거스는 색이 선명하고 단단하며 중간 크기가 좋습니다. 사용하고 남은 것은 랩으로 싸서 냉장 보관하되 시간이 지나면 쓴맛이 강해지므로 오래 보관하지 않는 것이 좋습니다. 특히 화이트 아스파라거스는 햇빛을 받으면 보라색으로 변하면서 쓴맛이 강해집니다.

그린빈 마늘피클

재료

그린빈 6줌(300g, 120개 정도), 깐마늘 10쪽, 소금 약간

피클물

물 1컵, 화이트와인비네거 1컵, 설탕 2큰술, 굵은 소금 2큰술, 베트남 건고추 3개
통후추 1/4작은술

만들기

1. 그린빈은 잘 씻어 끓는 물에 소금을 약간 넣고 데친 후 병에 담는다.
2. 마늘을 잘 씻어 꼭지를 잘라내고 도톰하게 슬라이스한 후 1에 담는다.
3. 분량의 피클물을 팔팔 끓여 2의 병에 담는다.
4. 그대로 식혀 뚜껑을 덮고 2~3일 후에 피클물만 따라내어 다시 끓여 식혀 부어준다.

아스파라거스 양파피클

재료

굵은 아스파라거스 30대(1kg), 장아찌용 양파 2개, 굵은 소금 약간

피클물

물 2컵, 식초 2컵, 설탕 1½컵, 굵은소금 5큰술, 월계수잎 1장
레몬 1/2개, 페퍼론치노 5개, 통후추 약간

만들기

1. 아스파라거스의 질긴 밑동을 잘라내고 비늘을 벗겨 굵은소금에 굴려 30분 정도 재운다.
2. 양파는 껍질을 벗기고 잘 씻어 한입 크기로 깍둑 썬다.
3. 1을 잘 씻어 물기를 제거하고 병에 담는다. 양파도 병에 담는다.
4. 분량의 피클물을 팔팔 끓여 3에 담고 식으면 뚜껑을 닫는다.
5. 2~3일 후에 물만 따라내어 다시 끓이고 식혀 붓기를 2회 정도 반복한 다음 먹는다.

Tip : 그린빈마늘피클을 만들 때 화이트와인비네거 대신 일반 식초를 사용해도 되고 기호에 따라 피클에 페퍼론치노나 베트남 건고추를 사용해도 된다. 한국 건고추를 사용하면 그린빈에 붉은 물이 들 수 있다. 피클용 아스파라거스는 굵은 것으로 골라야 오랫동안 아삭하게 먹을 수 있다. 그린 아스파라거스로 피클을 만들면 화이트 아스파라거스보다 질감과 색, 영양 면에서 더 뛰어나다.

김간장장아찌

김간장장아찌를 처음 만들었을 때는 흐물흐물 풀어지고 한 덩어리로 뭉치고 난리도 아니었지요. 여러 번 실험에 실험을 하며 완성한 김장아찌는 아이들도 잘 먹는 맛있는 반찬이 됩니다. 장아찌용 김은 조직이 조밀한 재래김이나 김밥용 김이 적합해요.

재료
재래김 30장, 대추 3~4개
생강 1/2톨, 통깨 약간

장아찌물
간장 1컵, 조청 3/4컵, 청주 1/2컵, 고추장 1큰술

만들기
1. 김은 길게 등분한 후 4~5등분으로 자른다.
2. 대추와 생강은 곱게 채 썬다.
3. 냄비에 간장과 조청, 청주, 고추장을 넣고 부드럽게 주르르 떨어질 때까지 장아찌물을 끓여 식힌다.
4. 김을 3~4장씩 겹쳐 놓고 장아찌물을 바르고 채 썬 재료와 통깨를 올리는 과정을 반복한다.

Tip : 김장아찌는 김이 장아찌물을 흡수하면 바로 먹을 수 있고, 김 사이사이에 고명을 올리면 김을 쉽게 떼어낼 수 있다. 김을 1회분 먹을 만큼씩 조리용 실로 묶어서 만들기도 한다.

셀러리채소간장장아찌

장을 볼 때마다 '제철이 무섭다'는 생각을 하게 됩니다. 가격이 비싸 엄두도 내지 못하던 식재료들이 제철이면 저렴한 가격으로 '나 좀 데려가 달라'고 자태를 뽐내고 있거든요. 모양도 맛도 훨씬 좋으니 어찌 제철 재료를 사랑하지 않을 수 있겠어요. 셀러리도 그 중 하나지요. 제철 셀러리는 한 뿌리를 통째로 구입했다면 노랗게 상하기 전에 부지런히 장아찌나 피클을 만들어 두면 좋습니다.

재료
셀러리 3대, 양파 2개
아삭이고추 5개, 홍고추 2개

장아찌물
간장 1컵, 물 1컵, 식초 1컵, 설탕 3/4컵, 굵은 소금 1큰술

만들기
1. 셀러리를 잘 씻어 섬유질을 벗겨내고 어슷하고 도톰하게 썬다.
2. 양파는 껍질을 벗기고 잘 씻어 밑동이 잘라지지 않게 4~6등분한다.
3. 아삭이고추와 홍고추는 잘 씻어 2센티미터 정도의 길이로 썰어 씨를 털어낸다.
4. 1, 2, 3을 밀폐 용기에 섞어 담고 분량의 장아찌물을 팔팔 끓여 부어 식힌다.
5. 완전히 식으면 뚜껑을 닫고 일주일 후 물만 따라내어 끓여 식혀 붓는다.

Tip : 셀러리장아찌는 여름철 자주 먹는 면이나 밀가루 요리에 아주 요긴한 밑반찬이다.

마늘종무간장장아찌

식재료의 성장 과정과 맛있는 철을 알면 어떤 요리든 자신 있게 만들 수 있지요. 마늘종은 마늘이 크고 단단하게 자랄 수 있도록 솎아낸 마늘의 꽃대입니다. 마늘의 향과 영양이 그대로 남아 있지만 냄새와 아린 맛은 마늘보다 덜해 늦봄 반찬 재료로 자주 활용되지요.

재료
마늘종 2줌(500g, 1단), 제주 무 1개(1.4kg)

장아찌물
간장 1½컵, 물 1½컵, 식초 1½컵, 설탕 1컵, 굵은 소금 2큰술, 건고수 1개, 다시마 1쪽

만들기
1. 마늘종은 억센 부분을 제거하고 잘 씻어 4~5센티미터 길이로 썬다.
2. 제주 무는 잘 씻어 사방 1.5센티미터, 5센티미터 길이의 직육면체 모양으로 썬다.
3. 마늘종과 무를 밀폐 용기에 차곡차곡 담는다.
4. 분량의 장아찌물 재료를 팔팔 끓여 3에 부어 식힌 뒤 뚜껑을 닫는다.
5. 2~3일 정도 지나면 장아찌물을 다시 끓여 식혀 붓기를 2회 정도 반복한 뒤 먹기 시작한다.

Tip : 마늘종은 마늘이 크고 단단하게 자랄 수 있도록 솎아 낸 마늘의 꽃대로 마늘종이 나오는 5월께에 끝물 제주 무와 장아찌를 담그면 아삭한 맛과 매운맛이 적당히 조화된 간장장아찌를 만들 수 있다. 처음에는 장아찌물을 팔팔 끓여 뜨거운 상태로 부은 뒤 2~3회 반복할 때는 차갑게 식혀야 꼬들꼬들한 식감을 살릴 수 있다. 장아찌물을 반복해서 끓이면 저장성이 더욱 높아진다. 단단한 식재료는 일주일, 수분이 많은 식재료는 2~3일 간격으로 끓인다.

머윗대간장장아찌

이른 봄, 머윗잎을 솎아 먹고 두꺼운 대를 키우는데 이를 머윗대라 합니다. 지방에 따라 머위를 머우라도고 해요. 시골에서 자라서인지 머웃대, 머웃잎이라는 단어가 더욱 친근하게 느껴집니다. 머위는 봄부터 여름까지가 제철입니다. 3~4월에는 솜털이 보송보송한 잎을 채취해 나물로 먹고 5~6월이 되면 줄기와 머윗대를 나물이나 장아찌용으로 사용합니다.

재료
머윗대 굵은 것 1단(1kg, 15~20대), 굵은 소금 약간

장아찌물
간장 2컵, 물 2컵, 식초 2컵, 설탕 1½컵, 굵은 소금 2큰술, 건고추 2개, 생강 1쪽

만들기
1. 머윗대는 2~3등분하여 끓는 물에 소금을 약간 넣고 3분 정도 데친다.
2. 1을 찬물에 씻어 헹군 뒤 섬유질을 벗겨내고 5센티미터 길이로 썬다.
3. 2를 찬물에 1시간 정도 담가 쓴맛을 우린 뒤 수분을 제거하여 밀폐 용기에 차곡차곡 담는다.
4. 분량의 장아찌물을 팔팔 끓여 식힌 뒤 3에 부어준 뒤 뚜껑을 닫는다.
5. 2~3일 후 장아찌만 따라 부어 팔팔 끓여 식혀 붓기를 2~3회 반복한 뒤 한 달 정도 지나고 먹는다.

Tip : 데친 머위는 찬물에 담가 떫은맛을 우려낸 다음 장아찌를 담가야 한다. 너무 오래 데치면 아삭한 맛이 없어지므로 강불에 단시간에 데치는 것이 좋고, 대가 굵은 머위는 굵은 소금으로 문질러 씻어 주면 색이 곱게 데쳐진다.

죽순간장장아찌·풋마늘대간장장아찌

죽순은 이른 봄 한철에만 맛볼 수 있기 때문에 부지런히 말리고 절여 두는 것이 좋아요. 죽순장아찌는 빗살모양을 살려 썰고 장아찌물을 부어 장아찌반찬으로 내놓거나 죽순만 참기름에 조물조물 무쳐 무침반찬으로 내어도 좋아요. 풋마늘대는 죽순처럼 아주 잠깐 볼 수 있는데 작은 마늘이 달린 모양이 예뻐 장아찌로 만들어 선물하면 앙증맞다고 받은 분이 좋아합니다.

죽순 간장장아찌

재료
죽순 3대, 쌀뜨물 약간

장아찌물
간장 1컵, 국간장 1/3컵, 물 1½컵
식초 1컵, 매실청 1컵

만들기
1. 죽순은 껍질이 있는 것으로 구입해 겉껍질을 대충 벗긴다.
2. 1의 죽순을 잠길 정도의 쌀뜨물에 담고 1시간 정도 삶아준다.
3. 2를 그대로 담가 하룻밤 정도 우린 뒤 물기를 제거하고 반으로 잘라 병에 담는다.
4. 매실청을 제외한 장아찌물을 한소끔 끓인 뒤 한김 식히고 매실청을 섞어 준다.
5. 죽순이 담긴 병에 4를 붓고 일주일 정도 숙성시킨다.
6. 장아찌물만 따라내어 다시 끓여 식혀 붓기를 2~3회 반복하여 한 달 정도 숙성한 뒤 먹는다.

풋마늘대 간장장아찌

재료
풋마늘대 1단(600g), 알마늘 10쪽

장아찌물
간장 1½컵, 물 1½컵, 식초 1½컵
설탕 1컵, 굵은 소금 2큰술

만들기
1. 풋마늘은 잎 사이사이의 흙을 잘 털어 씻은 뒤 길이로 2~3등분하여 밀폐 용기에 담는다.
2. 마늘은 잘 씻어 꼭지를 따고 1의 밀폐 용기에 넣는다.
3. 분량의 장아찌물을 팔팔 끓여 완전히 식혀 2에 부어 무거운 것으로 눌러 떠오르지 않게 하여 일주일 정도 절인다.
4. 장아찌물만 따라내어 팔팔 끓여 식혀 부어준다.
5. 4의 과정을 2~3회 정도 반복한 뒤 적당한 크기로 잘라 먹는다.

Tip : 죽순을 제대로 손질하지 않으면 숙성하는 동안 죽순에서 석회질이 생겨 뿌옇게 변할 수 있으므로 밑손질을 꼼꼼히 해 주어야 한다. 풋마늘대의 잎은 금방 무르므로 단단한 부분을 중심으로 넣는 것이 좋다.

두릅간장장아찌·엄나무순간장장아찌

어른이 되면서 어떤 재료가 몸에 좋다는 말이 귀에 쏘옥 들어옵니다. 두릅과 엄나무도 그런 식재료 중 하나지요. 두릅나무의 어린 순은 향기가 강하고 잔가지가 없으면서 통통할수록 좋습니다. 두릅 같은 녹색 채소를 데쳐 장아찌를 담글 때는 장아찌물을 한김 식힌 뒤 부어주는 것이 좋습니다. 뜨거운 장아찌물을 바로 부으면 장아찌가 되지 않고 채소가 익어서 물러버리지요.

두릅 간장장아찌

재료
두릅 5줌(500g, 20~25대), 소금 약간

장아찌물
간장 1컵, 물 1컵, 식초 1컵, 설탕 3/4컵
청주 1/2컵, 건고추 1개, 마늘 슬라이스 3톨

만들기

1. 두릅은 질긴 대와 가시를 손질하고 밑동에 살짝 십자로 칼집을 넣어 팔팔 끓는 물에 소금을 약간 넣고 2~3분간 데친다.
2. 1을 찬물에 씻어 헹궈 물기를 빼고 병에 차곡차곡 담는다.
3. 분량의 장아찌물을 우르르 끓여 한김 식힌 뒤 2에 부어 일주일 정도 숙성한다.
4. 장아찌물만 따라내어 다시 끓여 식혀 붓기를 2~3회 반복한 뒤 먹기 시작한다.

엄나무순 간장장아찌

재료
엄나무순 6줌(500g, 30대), 소금 약간

장아찌물
간장 1컵, 물 1컵, 식초 1컵, 설탕 3/4컵
청주 1/2컵, 건고추 1개, 마늘 슬라이스 3톨

만들기

1. 엄나무순은 질긴 대와 가시를 손질하고 팔팔 끓는 물에 소금을 약간 넣고 3분 정도 데친다.
2. 1을 찬물에 씻어 헹궈 물기를 빼고 병에 차곡차곡 담는다.
3. 분량의 장아찌물을 우르르 끓여 한김 식힌 뒤 2에 부어 일주일 정도 숙성한다.
4. 장아찌물만 따라내어 다시 끓여 식혀 붓기를 2~3회 반복하여 낸 뒤 먹기 시작한다.

두릅고추장박이·엄나무순고추장박이

장아찌의 숙성 기간이나 보관 기간이 참 궁금하지요? 잘 담근 장아찌는 다 먹을 때까지가 유효기간이고 아주 특별한 경우를 제외하고는 오래 숙성할수록 맛있습니다. 숙성 기간에 따라 다른 맛이 나는 것이 장아찌의 매력이기도 하지요.

두릅 고추장박이

재료
두릅 5줌(500g, 20~25대), 소금 약간, 고추장 3컵, 조청 1/2컵

소금물
물 3컵, 굵은 소금 3큰술

만들기
1. 두릅은 질긴 대와 가시를 손질한 뒤 잘 씻어 분량의 소금물에 반나절 정도 절인다.
2. 1의 두릅을 깨끗이 씻어 건져 물기를 뺀다.
3. 고추장과 조청을 고루 섞어 2에 버무린 뒤 밀폐 용기에 담는다.
4. 겉물이 생기면 고추장을 갈아주며 1~2개월 숙성시킨 뒤 먹는다.

엄나무순 고추장박이

재료
엄나무순 6줌(500g, 30대), 고추장 3컵, 조청 1/2컵

소금물
물 5컵, 굵은 소금 1/2컵

만들기
1. 엄나무순은 가시와 억센 줄기를 다듬어 씻어 분량의 소금물에 2~3시간 절인다.
2. 1의 엄나무순을 깨끗이 씻어 건져 물기를 뺀다.
3. 고추장과 조청을 고루 섞어 2에 버무린 뒤 밀폐 용기에 담는다.
4. 겉물이 생기면 고추장을 갈아주며 1~2개월 숙성시킨 뒤 먹는다.

Tip : 두릅과 엄나무순이 절여지면서 생긴 묽은 고추장은 조려 두었다가 조림이나 무침을 할 때 사용하면 좋다. 두릅과 엄나무순을 따로 담가도 맛있지만 섞어서 담가도 좋다.

곰취간장장아찌

해마다 곰취를 된장에만 박아 먹다가 어느 해엔 간장으로 장아찌를 담가 보았더니 맛이 참 좋았어요. 장아찌를 다 먹고 남은 간장은 곰취 향이 돌아서 송송 썬 고추나 쪽파를 넣고 비빔장으로 사용해도 좋습니다.

재료
곰취 2줌(300g), 소금 약간

장아찌물
간장 1½컵, 다시마물 1컵, 식초 1½컵, 설탕 1컵, 건고추 1개
레몬 슬라이스 1/2개분, 생강 슬라이스 1/4개분

만들기
1. 곰취는 잘 씻어 줄기를 3센티미터 정도의 길이로 자른다.
2. 팔팔 끓는 물에 소금을 약간 넣고 1의 곰취를 재빨리 데쳐 찬물에 식혀 물기를 제거한다.
3. 2를 밀폐 용기에 차곡차곡 담는다.
4. 분량의 장아찌물을 팔팔 끓여 한김 식힌 뒤 3에 붓고 그대로 식힌다.
5. 뚜껑을 닫고 일주일 정도 숙성한 뒤 장아찌물만 따라내어 다시 끓여 식혀 부어준 뒤 바로 먹는다.

Tip : 곰취는 생으로 먹을 수 있는 산나물로 4월 말~5월 중순이 제철이다. 5월 중순 이후엔 질기고 쓴맛도 강해진다. 곰취간장장아찌는 고기를 먹을 때 쌈을 싸 먹거나 주먹밥을 만들어 쌈밥으로 먹을 수 있다.

가죽고추장박이

욕심껏 사온 가죽이 하룻밤 사이에 시들시들해 졌습니다. 아까워서 장아찌를 만들어 보았는데 그야말로 대성공이었지요. 가죽은 숙성될수록 묘한 향이 돌아 식욕을 돋운답니다. 단맛이 싫다면 고추장만 넣도 만들어도 좋습니다.

재료
가죽 5줌(500g), 고추장 3컵, 매실청 1/2컵

소금물
물 5컵, 굵은 소금 3큰술

만들기
1. 가죽은 시든 잎과 가시를 제거하고 잘 씻어 분량의 소금물에 담가 1~2시간 절인다.
2. 절인 가죽을 잘 씻어 채반에 올려 물기를 없애고 수들수들하게 말린다.
3. 고추장과 매실청을 2에 고루 버무린 뒤 밀폐 용기에 넣는다.
4. 겉물이 생기면 고추장을 갈아주며 1~2개월 숙성시킨 뒤 먹는다.

Tip : 가죽을 고추장에 박아 두면 향이 좋은 매콤짭짤한 맛이 밥반찬으로 아주 좋다. 가죽을 소금에 절인 뒤 물기를 없애고 말려 장에 박아야 가죽잎이 떨어지거나 겉물이 지나치게 생겨 상하는 것을 방지할 수 있다.

곰취된장박이

엄마가 요리를 업으로 삼고 있어서인지 아이들은 쌉쌀한 곰취 나물에 밥을 곧잘 싸먹어 어른들이 신기하게 봅니다. 곰취는 취나물의 일종으로 곰발바닥을 닮았다고 해서 곰취라고도 하고 곰이 좋아한다고 해서 곰취라고도 해요. 생채소를 된장에 박을 때는 조청이나 소금을 충분히 올려 덮어 주어야 상하지 않아요. 조청 대신 올리고당이나 물엿을 대신할 수 있지만 조청을 사용했을 때 가장 풍미가 좋습니다.

재료
곰취 2줌(300g), 된장 3컵, 조청 1컵

만들기

1. 곰취는 한 장씩 잘 씻어 줄기는 3센티미터 정도의 길이로 자르고 물기를 제거한다.

2. 밀폐 용기에 곰취를 2~3장씩 겹쳐 넣고 된장을 켜켜이 바른다.

3. 남은 된장으로 곰취를 덮고 조청을 부어 한 달 정도 숙성시킨다.

도라지고추장박이·더덕된장박이

도라지고추장박이는 매콤달콤한 맛이 도라지 생채와는 또 다른 식욕을 자극하는 게 색다릅니다. 쓴맛을 해결하기 위해 여러 방법으로 실패를 거듭하다 결국 성공했습니다.

더덕은 소금물에 절이면 수분을 제거하고 쓴맛을 우려낼 수 있습니다. 꾸덕꾸덕 말려야 겉물이 많이 생기지 않아요. 된장으로 덮고 조청을 부으면 장의 짠맛을 감소시킬 수 있고 더덕에서 수분이 생겨 겉물이 돌아 부패되는 것도 막을 수 있습니다.

도라지 고추장박이

재료

도라지 10~13대(300g), 올리고당(물엿) 3컵, 고추장 2~3컵, 굵은소금 약간

만들기

1. 도라지는 껍질을 벗겨 방망이로 살살 두드려 올리고당에 담가 한 달 정도 절인다.
2. 1의 도라지를 체에 밭쳐 당분을 다 뺀다.
3. 도라지에 고추장을 버무려 밀폐 용기에 담고 한 달 정도 숙성시킨다.

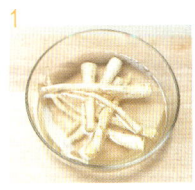  

더덕 된장박이

재료

더덕 13~15대(500g), 된장 3컵, 조청 1컵

소금물

물 3컵, 굵은 소금 5큰술

만들기

1. 더덕은 껍질을 벗기고 방망이로 자근자근 두드려 더덕이 잠길 정도의 물에 소금을 풀어 하룻밤 절인다.
2. 1을 깨끗이 씻어 수분이 없도록 채반에 널어 말린다.
3. 2의 더덕을 된장에 버무려 밀폐 용기에 눌러 담는다.
4. 3에 조청을 부어 뚜껑을 덮고 2~3개월 숙성시킨다.

Tip : 도라지를 염장하지 않고 당장해서 만든 장아찌로 물엿이나 올리고당에 담가 두면 쓴맛과 수분이 빠져 맛있게 먹을 수 있다. 먹을 때는 잘게 자르거나 채 썰어 갖은 양념에 버무려 먹으면 된다.
더덕은 밑손질을 잘해야 겉물이 잘 생기지 않는데 된장에 겉물이 돌면 걷어내고 된장과 조청을 갈아주며 숙성시키면 된다.

더덕북어포마늘종벼락장아찌·마늘종&마늘고추장박이

장아찌는 무조건 오래 숙성시켜야 한다고 생각하지만 단시간에 벼락같이 만들어 먹는 장아찌도 있습니다. 벼락장아찌는 재료를 양념에 충분히 버무려 간이 고르게 배게 하는 것이 좋습니다.

더덕북어포 마늘종 벼락장아찌

재료
더덕 5대(200g), 북어포 1줌(50g)
마늘종 1/2줌(150g), 소금·흑임자 약간

고추장양념
고추장 1컵, 간장 1큰술, 고춧가루 1큰술
유자청 2큰술, 조청 2큰술, 생강즙 1작은술

만들기
1. 더덕은 껍질을 돌려 깎아 방망이로 자근자근 두드려 잘게 찢는다.
2. 북어포는 스프레이로 물을 살짝 뿌려 잘게 찢는다.
3. 마늘종은 줄기 끝의 억센 부분을 제거하고 잘 씻어 4~5센티미터 길이로 자른 후 소금물에 살짝 데쳐 식힌다.
4. 볼에 분량의 고추장양념을 넣고 더덕과 마늘종부터 버무린 후에 북어포를 고루 버무려 밀폐 용기에 넣고 2~3일 숙성시킨 뒤 먹는다.

마늘종&마늘 고추장박이

재료
마늘종 2줌(500g, 1단), 깐마늘 1컵
조청 1/2컵, 고추장 3컵

소금물
물 5컵, 굵은 소금 2/3컵

만들기
1. 마늘종은 억센 부분을 떼낸 뒤 4~5센티미터 길이로 자르고 마늘은 잘 씻어 꼭지를 떼낸다.
2. 마늘종과 마늘이 잠길 정도의 물에 소금을 풀어 하룻밤 정도 절인 후 잘 씻어 수분을 제거한다.
3. 조청과 고추장을 고루 버무려 섞는다.
4. 마늘종을 3에 버무려 밀폐 용기에 눌러 담는다.
5. 고추장 위로 겉물이 생기면 고추장을 갈아가며 한 달 정도 후에 먹는다.

Tip : 벼락장아찌는 염도가 높지 않으므로 적은 양을 만드는 것이 좋고 유자청 대신 매실청을 넣어도 된다. 고추장박이는 채소가 고추장을 흡수하며 겉물을 뱉어내면 고추장이 묽어지고 색도 주황색이 된다. 이 때는 채소에서 고추장을 긁어낸 뒤 새 고추장으로 갈아주는데 채소의 밑손질을 꼼꼼하게 하면 겉물이 덜 돌고 채소나 고추장의 염도에 따라 겉물이 생기는 양이나 횟수가 달라진다.

북어고추장박이

겨우내 얼었다 녹았다를 반복하며 얼말린 북어는 봄철에 구입한 것이 가장 맛이 좋습니다. 살이 보푸라기처럼 잘 일어나는 더덕북어를 최상품으로 치지요. 고추장장아찌는 맛과 향이 살아있는 통북어로 만들어야 좋지만 손질하기가 쉽지 않으므로 간편한 편북어로 만들어요.

재료
편북어 3마리, 고추장 2컵

절임장
간장 1컵, 물 3컵, 식초 6큰술, 설탕 1/2컵, 조청 1/2컵, 청주 1/2컵
건고추 1개, 생강 1/2쪽

만들기

1. 북어는 흐르는 물에 재빨리 씻어 가시와 지느러미를 제거하고 4~5센티미터 길이로 잘라둔다.

2. 분량의 절임장 재료를 팔팔 끓여 식혀 체에 거른다.

3. 1의 북어를 밀폐 용기에 담고 절임장에 재워 냉장고에 한 달 정도 숙성시킨다.

4. 3을 체에 걸러 물기를 제거하고 고추장에 버무려 밀폐 용기에 담고 한 달 정도 숙성시킨 뒤 먹는다.

Tip : 북어를 절임장에 담가두면 북어가 부드럽게 부풀어 맛과 향이 좋아진다. 완성된 고추장장아찌는 쪽쪽 찢어 참기름에 버무려 먹으면 맛있다.

주꾸미젓

주꾸미는 봄을 알리는 해산물 중 으뜸이지요. 고단백 저칼로리에 식감까지 쫄깃쫄깃해 많은 사람이 좋아합니다. 주꾸미 머리에 가위집을 넣고 내장을 떼어 내는데 제철의 알찬 주꾸미의 알은 떼어 내지 않습니다. 재워 놓은 주꾸미는 붉은색이 돌며 살에서 수분이 빠지는데 염도가 높지 않으므로 실내가 더울 때는 냉장고에서 숙성해야 합니다.

재료

주꾸미 8~10마리(500g), 굵은 소금 2큰술(30g), 밀가루 약간

무침양념

고춧가루 5큰술, 다진 마늘 2큰술, 배즙 2큰술, 유자청 3큰술
다진 생강 1작은술, 간장·멸치액젓 약간씩

만들기

1. 주꾸미는 내장을 제거하고 밀가루로 바락바락 깨끗이 씻어 물기를 뺀다.

2. 1의 주꾸미를 천일염으로 이틀 정도 실온에 재워 익힌다.

3. 2를 먹기 좋은 크기로 썰어 분량의 무침양념으로 버무린다.

Tip : 주꾸미를 밀가루에 버무려 씻으면 빨판 사이사이까지 깨끗하게 손질할 수 있다. 직접 만드는 주꾸미젓은 염도가 높지 않으므로 소량만 만들어 먹는 것이 좋다.

오징어젓

매콤달콤 짭짤한 맛에 쫄깃한 식감까지 젓갈 입문으로 오징어젓 만한 것이 없습니다. 저염 젓갈이므로 보관기간이 짧으니 조금씩만 만들어 먹는 것이 좋습니다.

재료
생오징어 2마리(400g 내외), 마늘 5~6톨, 쪽파 2~3대, 참기름 약간

1차 절임물
굵은 소금 1큰술, 청주 2큰술

무침양념
고춧가루 3큰술, 다진 파 1큰술, 다진 마늘 1큰술, 조청 2큰술, 통깨 2작은술

만들기

1. 오징어는 내장과 껍질을 제거하고 물기를 닦은 후 곱게 채 썰고 다리는 5센티미터 길이로 썬다.

2. 1을 소금과 청주에 버무려 밀폐 용기에 담아 냉장고에 넣고 4일~일주일 정도 1차 절임한다.

3. 쪽파는 3센티미터 길이로 자르고 마늘은 모양을 살려 저며 썬다.

4. 오징어의 물기를 닦고 무침양념에 버무려 쪽파와 마늘을 섞어 밀폐 용기에 담고 먹을 때마다 참기름에 살짝 버무려 낸다.

Tip : 젓갈이나 장아찌에 청주나 소주를 넣으면 저염으로 담가도 빨리 부패되는 것을 방지할 수 있다. 알코올 성분이 발효를 돕고 잡균이 생기는 것을 막아 주기 때문이다.

황석어젓

작은 조기와 비슷하게 생긴 황석어로 담근 젓갈로 내장을 제거하지 않아 조기젓과는 다른 풍미가 있지요. 중부지방에서는 황석어젓, 전라도에서는 황숭어리젓, 황실이젓이라고도 합니다. 잘 삭혀서 살은 으깨고 나머지는 물을 보태어 달여서 김치 양념으로 넣는데 반찬으로 먹을 때는 살을 잘게 썰어 무치거나 물을 약간 부어 쪄서 냅니다.

재료

황석어 200마리(2kg)
절임용 굵은 소금 400g

소금물

물 10컵, 굵은 소금 1컵

만들기

1. 황석어는 분량의 소금물에 흔들어 씻은 후 채반에 건져 물기를 뺀다.

2. 황석어의 아가미와 입을 벌려서 소금을 가득 채워 밀폐 용기에 깔고 소금을 한 켜 뿌린다.

3. 2의 과정으로 여러 켜 반복한 뒤 맨 위에는 황석어가 보이지 않도록 소금을 넉넉히 뿌린다.
4. 무거운 돌로 눌러서 뚜껑을 덮어 서늘한 곳에 3개월 이상 두어 충분히 삭힌다.

5. 맑은 젓국은 그대로 두고 살을 발라서 다지고, 대가리와 남은 뼈는 물을 보태어 끓여서 체에 걸러서 젓국을 달여 쓴다.

Tip : 반찬용으로는 살만 발라 다진 파, 마늘, 풋고추, 식초, 고춧가루, 참기름, 깨소금을 넣어 무쳐 먹거나 김이 오른 찜통에 쪄서 먹을 수 있다.

멸치젓

경상도에서는 젓갈 중 멸치젓을 최고라 하여 멸치를 생젓으로 담가 김치를 담급니다. 멸치생젓은 부추, 갓, 파김치처럼 매운 김치를 담글 때 사용하고 배추김치나 총각김치에는 액젓을 걸러 사용해야 깔끔합니다. 국물은 검은빛을 띠고 살은 붉어야 좋으며 비린내가 나지 않고 구수한 냄새가 나는 것이 좋습니다.

재료
멸치 120~130마리(1kg), 굵은 소금 200g

만들기
1. 은빛이 선명하고 내장이 부스러지지 않은 싱싱한 멸치를 골라 옅은 소금물에 재빨리 씻은 후 체에 받쳐 물기를 뺀다.
2. 소독된 용기에 소금을 한 켜 깐 다음 멸치를 한 켜 올린다.
3. 2의 과정을 서너 번 반복한 뒤 맨 위에 소금을 넉넉히 뿌린다.
4. 뚜껑을 밀봉한 뒤 어둡고 서늘한 곳에 보관하여 푹 삭혀서 사용한다.

Tip : 멸치젓은 뼈가 녹을 정도로 잘 삭혀서 살은 으깨고 나머지는 물을 보태어 달여서 체에 걸러 액젓으로 사용하거나 그대로 삭혀 생젓으로 사용하기도 한다. 반찬으로 먹을 때는 약간 무른 살을 잘게 썰어 청양고추와 무치거나 물을 약간 부어 찐 뒤 먹기도 한다.

여름

'내년 여름부턴 그냥 사 먹어야지'를 입버릇처럼 내뱉다가도 매실인지 개복숭아인지 들었다 놨다를 반복하고 오이지용 오이를 '저건 너무 커, 이건 너무 날씬해'하며 눈대중으로 가늠하며 한 접씩 사고 있는 자신을 보게 됩니다. 전생에 필시 손가락 하나 까딱하지 않고 살아서 벌 받는 것이리라 생각하며 매실을 쪼개고 오이를 씻고 절입니다. 장마가 시작되기 전 초여름의 짧은 한때는 손과 발에 고속 모터를 달아 놓은 듯 바삐 움직여야 배탈 없는 긴 여름을 보낼 수 있어요.

6월

드물게 볕이 좋은 날엔 이때다 싶은 마음으로 햇양파와 햇마늘을 채반에 가득 펼쳐 널어 두고 텃밭 한 쪽에서 이제 막 크기 시작하는 채소들을 돌봐줍니다. 6월은 늘 분주합니다. 초순이 지나면서 매실이 출하되면 머릿속도 마음도 저장음식 스케줄을 구상합니다.

7월

방학이 한창인 아이들도 무더위에 지쳐 축 늘어지고 어른들도 휴가를 계획합니다. 강원도 휴가는 여름철 감자와 옥수수를 얻을 수 있는 좋은 기회지요. 베란다 화분에 두세 그루 심은 깨는 어느 새 깻잎을 풍성하게 선사합니다.

8월

여름 끝에 들어서면 가을을 기다리지요. 기다리는 마음 한 구석엔 올해도 다 갔구나 하는 생각에 뭉클해집니다. 가을이 되기 전에 애호박이며 가지며 가장 많이 나오는 식재료들을 된장이나 고추장에 박아 두고두고 먹을 생각을 하면 부자가 된 기분입니다.

햇양파 말리기

지인으로부터 전라도 무안의 햇양파를 선물로 받았는데 제대로 관리를 하지 못해 다 썩어서 버린 적이 있습니다. 어찌나 아깝고 속상하던지 보관도 제대로 못한 자신을 책망했습니다. 보내 주신 분께는 죄송해서 말도 못 꺼냈지요. 햇양파는 장마가 오기 전에 햇볕에 바삭 말려야 망에 넣어 두어도 상하지 않습니다.

재료
햇양파 1망

만들기
1. 햇양파는 채반에 널어 햇볕에 일주일 정도 주황색 껍질이 생길 때까지 바삭 말린다.

Tip : 흰색의 햇양파는 수분이 많아 망에 넣어 두면 속부터 물러 버린다. 주황색이 돌 때까지 볕이 잘 드는 곳에서 말려야 여름 내내 먹을 수 있다.

마늘 말리기

친정 엄마께서 갓 결혼한 딸에게 햇마늘을 잔뜩 보내 주셨습니다. 그 마늘을 죄다 썩혀서 버리고 말았지요. 마늘을 망에 걸어 말리는 것만 보았지 햇볕에 바삭 말리거나 쪽을 내서 말려야 한다는 것을 시어머니의 지혜를 보며 배웠답니다.

재료

마늘 1접

만들기

1. 마늘 반 접은 줄기를 적당히 잘라내고 철사나 노끈에 꿰어 빨랫줄에 널거나 햇볕과 바람이 잘 통하는 벽에 걸어 바삭 말린다.
2. 나머지 반 접은 쪽을 내어 채반에 널어 겉껍질이 생길 때까지 바삭 말린다.

Tip : 햇마늘 역시 햇양파처럼 수분이 많아 망에 넣어 두면 속부터 물러 버린다. 알이 굵은 것은 쪽을 나누어서 말리고 알이 작은 것은 꿰어서 말리면 된다. 부드러운 햇마늘의 껍질을 까서 곱게 갈거나 다져 지퍼백에 넣어 납작하게 얼려 두면 또 다른 일 년 양념 저장식이 된다.

애호박 말리기

제철에 난 애호박을 자를 때 단면에 맺히는 수정 같은 물방울이 참 예쁘지요. 애호박은 말 그대로 덜 자란 호박입니다. 애호박도 제철인 한여름보다는 찬바람이 돌기 시작하는 여름 끝이나 초가을에 말리면 더욱 맛있습니다. 애호박이 조금 더 자란 것을 청둥호박이라고 하는데 애호박처럼 말려 먹으면 좋습니다.

재료
애호박 3개 혹은 청둥호박 1개

만들기
1. 애호박은 잘 씻어 어슷하고 도톰하게 썬다.
2. 채반에 넣어 2~3일 정도 말린다.

Tip : 말린 애호박은 나물을 해도 맛있지만 된장찌개에 넣으면 식감이 쫄깃하고 감칠맛이 있다. 아이들이 좋아하는 떡볶이에 불려 넣어도 잘 어울린다.

가지 말리기

어린 시절에는 달고 아삭한 가지를 생으로 베어 먹기도 했는데 요새 먹는 가지는 하우스에서 계절에 상관없이 대량으로 재배를 하다 보니 그 시절의 단맛이나 아삭한 과육의 맛이 아닙니다. 그렇지만 제철의 아삭아삭한 보랏빛 가지는 살림 욕심 많은 저에게 단도리를 재촉합니다.

재료
가지 20개

만들기

1. 가지 열다섯 개는 잘 씻어 꼭지 쪽에 십자로 칼집을 넣고 줄이나 옷걸이에 널어 일주일 정도 말린다.
2. 나머지 가지는 어슷하고 도톰하게 썰어서 채반에 널어 2~3일 정도 말린다.

Tip : 통으로 말린 가지는 어슷 썰어 말린 가지보다 좀더 쫄깃하고 풍미가 좋다. 말린 가지는 나물로 무쳐 먹거나 파스타나 샐러드로 만들어 먹기도 하는데 수분이 많은 여름 가지보다 찬바람이 돌기 시작하는 여름 끝이나 가을에 말리는 가지가 더욱 맛있다.

고구마순 말리기

텃밭에 고구마를 심어 고구마순만 한 가득 수확한 적이 있습니다. 고구마순이 자랄 때 솎아 주어야 고구마가 크게 든다는 것을 나중에 할머니한테 들어서 알게 되었지요. 생고구마의 줄기는 거친 섬유질을 벗기고 끓는 소금물에 부드럽게 삶아 김치나 나물, 장아찌로 만들어 먹을 수 있습니다. 말려 두면 오래 두고 사용할 수 있지요.

재료
고구마순 3줌(600g), 소금 약간

만들기
1. 고구마 줄기는 시든 잎과 섬유질을 벗겨내고 팔팔 끓는 소금물에 부드럽게 데친다.
2. 1의 고구마 줄기를 채반에 널어 바람이 잘 통하는 그늘진 곳에 놓고 2~4일 정도 말린다.

Tip : 고구마순은 잎과 줄기가 시들지 않고 물기가 있고 통통한 것을 골라서 섬유질을 벗겨내고 말려야 불려서 먹을 때 질기지 않다. 고구마 잎은 생쌈으로 먹어도 되고 부드럽게 데쳐 숙쌈을 싸 먹어도 맛있다.

옥수수&수염 말리기

쪄도 구워도 맛있고 볶아도 맛있는 옥수수는 여름에 밑준비를 해두면 이듬해 햇옥수수가 나올 때까지 요긴하고 맛있게 먹을 수 있습니다.

재료
옥수수 30대

만들기
1. 옥수수는 껍질과 수염을 벗긴다.
2. 옥수수의 2/3는 껍질을 약간 남겨 두었다가 세 줄로 꼬아 두 개씩 묶어 옷걸이나 빨랫줄에 널어 바삭하게 말린다.
3. 옥수수 1/3은 알만 떼어 채반에 널어 일주일 정도 바삭하게 말린다.
4. 옥수수수염은 채반에 널어 1~2일 정도 바삭 말린다.

Tip : 옥수수는 말려서 알만 떼어 팝콘을 만들거나 가루로 갈아서 떡이나 빵을 만들어 먹어도 좋고 부드럽게 불려서 밥에 넣어 먹어도 좋다. 옥수수수염차는 여름철 짜게 먹어 생긴 부종이나 갈증해소에 좋다.

꽈리고추부각

고추부각을 먹을 때는 조심해야 합니다. 바삭바삭한 고추부각 맛에 자칫 과식해서 속병이 날 수 있거든요. 꽈리고추는 고추의 변이종으로 표면이 꽈리처럼 쭈글쭈글하게 생겨 이름 붙여졌다고 합니다. 풋고추에 속하지만 일반 풋고추보다는 작고 과육이 부드럽습니다. 과육이 얇아 냉장고에 오래 두면 냉장상을 입어 씨 부분이 까맣게 변하므로 주의하세요. 건어물과 함께 볶거나 장조림 등에 자극적이지 않은 매운 맛을 내고 부각으로 만들어 두면 오래 두고 먹을 수 있어요.

재료
꽈리고추 2줌(110g), 밀가루 1/2컵, 식용유 적당량

만들기
1. 꽈리고추는 잘 씻어 반으로 가른다.
2. 1을 볼에 담고 밀가루를 넣고 살살 버무린다.
3. 2를 김이 오른 찜통에 넣고 10분 정도 찐다.
4. 3을 채반에 널어 2~3일 정도 말려 먹을 때는 160도의 식용유에 바삭하게 튀겨낸다.

Tip : 꽈리고추 대신 풋고추로도 만들 수 있다. 바삭하게 튀긴 고추부각에 소금과 설탕을 솔솔 뿌려 내면 밥반찬으로 좋고 보관할 때는 말린 상태로 보관하면서 먹을 만큼만 튀겨내는 것이 좋다.

감자부각

감자 부각을 처음 먹었을 때 감자칩 뺨치는 바삭함에 깜짝 놀랐습니다. 오랜 시간이 지나도 꾸준히 한식이 계승되는 데는 다 우리 조상들의 세대를 뛰어 넘는 특별한 감각과 지혜에 있는 것 같습니다. 하지 무렵에 나온 감자가 가장 맛있는데 하지감자는 수분과 전분질이 많아 익히면 파근파근하고 맛이 달지요.

재료
감자 2~3개(400g), 소금 약간, 식용유 적당량

찹쌀풀
다시마물 1컵, 찹쌀가루 3큰술, 소금 1작은술, 설탕 1큰술

만들기
1. 감자는 껍질을 벗기고 모양을 살려 5밀리미터 정도로 얇게 썰어 소금물에 담근다.
2. 1의 감자를 끓는 물에 3~4분 정도 데쳐 체에 받쳐 수분을 뺀다.
3. 분량의 찹쌀풀을 만들어 식힌다.
4. 감자의 양쪽에 찹쌀풀을 바르고 그늘에서 2~3일 정도 바삭하게 말린다.
5. 160도 정도의 기름에 바삭하게 튀긴다.

Tip : 감자가 살짝 말개지도록 데쳐서 찹쌀풀을 발라야 튀길 때 잘 부풀어 오른다. 찹쌀풀을 바르지 않고 바로 말리면 감자튀각을 만들 수 있다. 감자에는 사과보다 풍부한 비타민이 들어 있고 양질의 탄수화물에 비타민이 쌓여 있어 가열해도 파괴되는 양이 적다.

깻잎부각

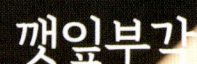

한국인이 좋아하는 삼겹살구이에 상추와 깻잎은 뗄 수 없는 단짝이지요. 서너 그루만 있어도 여름 한 철 실컷 먹을 수 있을 정도로 잘 자라요. 자리를 많이 차지하지 않아 인기 있는 베란다 채소입니다.

재료
깻잎 50장, 식용유 적당량

찹쌀풀
찹쌀가루 3큰술, 물 1컵, 소금 약간

만들기

1. 깻잎은 한 장씩 잘 씻어 물기를 닦는다.

2. 분량의 재료를 고루 섞어 찹쌀풀을 걸쭉하게 끓여 식힌다.

3. 1에 2를 고루 발라 채반에 널어 바람이 잘 통하는 그늘에서 하루 정도 바삭 말린다.

4. 3을 160도 정도의 기름에 바삭하게 튀겨 기름기를 제거한다.

Tip : 찹쌀 반죽을 바른 뒤 깨를 뿌려서 말리거나 찹쌀밥을 묻혀서 말리면 또 다른 별미가 된다.

토마토 말리기

'썬드라이드 토마토'라는 서양 식재료를 처음 봤을 때 꼭 말린 고추처럼 생겼다고 생각했습니다. 못생긴 모양새 때문에 토마토를 말리면 맛있을까? 궁금했지요. 묵은 나물이 생나물과 다른 매력을 가졌듯이 말린 토마토 역시 매력이 있습니다. 원래는 외국 종의 달콤한 토마토를 말려야 맛이 있지만 빨갛게 익은 제철 토마토를 말리면 맛의 차이는 그리 크지 않습니다.

재료
완숙토마토 10개, 소금·통후춧가루 약간씩

만들기
1. 토마토는 잘 씻어 초승달 모양을 살려 6~8등분한다 (작은 크기의 토마토는 동그란 모양을 살려 썬다).
2. 1의 토마토에 소금과 통후춧가루를 살짝 뿌려 채반에 널어 2~3일 정도 말린다.

Tip : 말린 토마토는 소금과 후춧가루를 뿌리지 않고 생으로 말려서 만들 수도 있는데 수분이 있으므로 냉동실에 보관하거나 올리브오일에 담가 둔 상태로 보관한 뒤 샐러드나 파스타를 만들 때 유용하게 사용할 수 있다.

수박껍질 말리기

더운 여름에는 물을 많이 먹게 되어 체내에 염분 농도가 흐려져서 밥을 먹을 때 조금 짭짤하게 먹게 되지요. 이럴 때 칼륨 성분이 풍부한 수박, 오이, 참외 등을 먹으면 체내 염분 밸런스가 균형을 이루어 부종이나 신장에 무리가 가는 것을 막을 수 있어요. 음식물 쓰레기거리로 골치인 수박껍질은 말려서 차로 마시면 붓거나 갈증이 날 때 요긴하게 사용할 수 있습니다.

재료
수박겉껍질 1통분

만들기
1. 수박은 겉껍질만 잘라내고 도톰하게 채 썬다.
2. 채반에 널어 3일 정도 말리거나 건조기에 12시간 정도 바삭하게 말린다.

Tip : 수박껍질은 차로 마시거나 채숫물로 우려 냉국의 밑국물로 사용하면 좋다.

여름햇살칩

여름에는 과일이 많이 나오지만 금방 상하고 초파리가 꼬여 오래 보관할 수가 없지요. 이럴 때 말려 두면 심심풀이 간식으로도 좋고 부피가 줄어 보관하기도 편하지요. 고온다습한 기온으로 인해 여름 말리기는 건조기를 이용하거나 햇볕이 좋은 한낮에 잠깐씩 말리는 것이 좋습니다.

재료
바나나 1송이, 레몬즙 약간, 파인애플 1개

만들기
1. 바나나는 껍질을 벗기고 레몬즙을 살짝 뿌린다.
2. 채반에 널어 2~3일 정도 꾸덕하게 말리거나 건조기에 12시간 정도 말린다.
3. 파인애플은 껍질을 잘라내고 동그란 모양을 살려 1센티미터 두께로 썬다.
4. 3을 채반에 널어 이틀 정도 꾸덕하게 말리거나 건조기에 12시간 정도 바삭하게 말린다.

Tip : 습기가 많은 여름에는 말린 햇살칩을 냉동고에 보관하는 것이 좋다.

바나나계피잼

요즘은 사과 한 개와 바나나 한 송이의 가격이 비슷하지만 오래 전에는 바나나 한 개가 사과 한 봉지의 가격과 비슷할 정도로 무척 귀한 과일이었습니다. 한 송이씩 사 온 바나나는 여름이면 쉽게 무르기 때문에 잼을 만들어 두면 좋지요.

재료
바나나 과육만 4개(500g), 설탕 3/4컵(150g)
레몬즙 1큰술, 계피스틱 1조각

만들기
1. 바나나는 껍질을 벗기고 1센티미터 두께로 잘라 바닥이 두꺼운 냄비에 담는다.
2. 1에 레몬즙과 설탕을 뿌려 수분이 나오게 절인 뒤 계피스틱을 넣고 중약불로 끓인다.
3. 눌어붙지 않도록 중간중간 저어가며 끓이다가 농도가 나면 스틱을 꺼낸 뒤 바로 병에 담고 뒤집어 식힌다.

Tip : 바나나에 레몬즙을 뿌리면 바나나가 지나치게 갈변하는 것을 막을 수 있다. 적당한 농도가 나면 계피스틱을 꺼내야 계피 맛이 은은하게 감돈다.

파인애플잼·콩포트

바나나와 파인애플은 일 년 내내 볼 수 있지만 기온이 높은 여름에 먹어야 숙성이 잘 되어 더 달고 맛도 좋습니다. 어린 시절 누가 아파 병원에 입원하면 엄마는 꼭 파인애플이나 복숭아통조림을 사 들고 병문안을 가셨지요. 늘 따라가서 두 분이 말씀을 나누는 동안 홀짝홀짝 먹었던 통조림 속 과일들의 달콤한 맛과 기억이 아련하게 떠오릅니다.

파인애플잼

재료

파인애플 과육 1/2개분(500g), 설탕 3/4컵 내외(150~180g)

만들기

1. 파인애플은 껍질을 벗기고 두꺼운 심을 빼고 도톰하게 채 썬다.
2. 1을 바닥이 도톰한 냄비에 담고 설탕을 뿌려 수분이 나올 때까지 절인다.
3. 2를 중불로 바글바글 끓여 설탕을 완전히 녹인다.
4. 끓어오르면 약불로 줄여 주걱으로 저어가며 농도가 생기게 끓인다.
5. 따뜻할 때 소독한 병에 담고 뒤집어 식힌다.

파인애플 콩포트

재료

파인애플 과육 1/2개분(500g), 설탕 1컵(200g), 레몬즙 1큰술

만들기

1. 파인애플은 껍질을 벗긴 후 두꺼운 심을 빼고 2센티미터 두께의 부채꼴 모양으로 깍둑 썬다.
2. 1을 바닥이 두꺼운 냄비에 담고 설탕과 레몬즙을 뿌려 수분이 나올 때까지 절인다.
3. 2를 중약불로 끓여 설탕을 완전히 녹인다.
4. 체에 밭쳐 국물만 강불로 한소끔 끓인 뒤 중약불로 줄여 과육을 넣고 과육이 투명해질 때까지 끓인다.
5. 따뜻할 때 바로 병에 담고 뒤집어 식힌다.

Tip : 파인애플의 심은 잘 무르지 않기 때문에 제거한 후 잼을 만드는 것이 좋고 과육을 갈아서 잼을 만들기도 한다. 파인애플콩포트를 차게 보관하면 시원하고 달콤해 아이들이 좋아한다. 아이스크림과 베이킹에 활용할 수 있다.

살구잼·콩포트

살구는 여름부터 가을까지 익어서 꽤 오랜 기간 볼 수 있는 과일입니다. 신맛이 강한 과일이라 잼을 만들 때는 과육이 잘 익어 적당히 무른 살구를 사용해야 합니다. 콩포트용 살구는 무르지 않고 단단한 것을 선택해야 모양을 잘 살릴 수 있습니다.

살구잼

재료

살구 10개(500g), 설탕 1컵(200g)

만들기

1. 살구를 깨끗하게 씻어 물기를 제거하고 빙 둘러 칼집을 넣고 반으로 갈라 씨를 뺀다.
2. 1의 살구를 바닥이 두꺼운 냄비에 담고 대충 으깨어 설탕을 뿌려 수분이 나올 때까지 절인다.
3. 2를 중불로 바글바글 끓여 설탕을 완전히 녹인다.
4. 끓어오르면 약불로 줄여 주걱으로 저어가며 농도가 생기게 끓인다.
5. 따뜻할 때 소독한 병에 담고 뒤집어 식힌다.

살구콩포트

재료

살구 10개(500g), 설탕 1¼컵(250g)

만들기

1. 살구를 깨끗하게 씻어 물기를 제거하고 빙 둘러 칼집을 넣고 반으로 갈라 씨를 뺀다.
2. 1의 살구를 바닥이 두꺼운 냄비에 담고 설탕을 뿌려 수분이 나올 때까지 절인다.
3. 2를 중약불로 끓여 설탕을 완전히 녹인다.
4. 3을 체에 밭쳐 국물만 강불로 한소끔 끓인다.
5. 4에 살구 과육을 넣고 살구가 말개질 때까지 중불로 끓인 뒤 바로 병에 담고 뒤집어 식힌다.

Tip : 살구잼은 단맛 이외에도 특유의 새콤하고 쓴맛이 있어 비스킷이나 쿠키에 발라 먹으면 좋다.
살구콩포트는 화채나 냉채로 먹어도 맛이 있고 베이킹을 할 때 장식용 고명으로 사용할 수 있다.

자두잼·콩포트

싱싱한 제철 자두를 오래 먹으려면 말리거나 잼, 콩포트로 만드는 것이 좋습니다. 특히 콩포트는 우울한 날 한 조각만 먹어도 기분이 좋아지는 청량제가 되지요.

자두잼

재료
완전히 익은 자두 10개(500g), 설탕 1컵(200g)

만들기
1. 자두를 깨끗하게 씻어 물기를 제거하고 씨를 중심으로 과육을 큼직하게 저며낸다.
2. 1의 자두를 바닥이 두꺼운 냄비에 담고 설탕을 뿌려 수분이 나올 때까지 절인다.
3. 2를 중불로 바글바글 끓여 설탕을 완전히 녹인다.
4. 끓어오르면 약불로 줄이고 주걱으로 저어가며 농도가 생기게 끓인다.
5. 따뜻할 때 소독한 병에 담고 뒤집어 식힌다.

자두콩포트

재료
약간 덜 익은 자두 10개(500g), 설탕 1컵(200g)

만들기
1. 자두를 깨끗하게 씻어 물기를 제거하고 빙 둘러 칼집을 넣고 반으로 갈라 씨를 뺀다.
2. 1의 자두를 바닥이 두꺼운 냄비에 담고 설탕을 뿌려 수분이 나올 때까지 절인다.
3. 2를 중약불로 끓여 설탕을 완전히 녹인다.
4. 3을 체에 밭쳐 국물만 강불로 한소끔 끓인다.
5. 4에 자두 과육을 넣고 중불로 자두가 말개질 때까지 끓인 뒤 바로 병에 담고 뒤집어 식힌다.

Tip : 자두는 보기만 해도 침이 고이는 과일로 자두잼은 빵에 발라 먹거나 베이킹에 사용하는 것 외에도 돼지고기 요리에 곁들이거나 양념에 넣으면 풍미가 좋고 육질이 부드러워진다. 하지만 다른 잼에 비해 수분이 많아 보존성이 떨어지는 단점이 있다. 자두콩포트를 만들 때는 자두가 약간 덜 익어 과육이 단단해야 껍질이 벗겨지거나 무르지 않는다.

매실청&매실절임·매실잼

매실청&매실절임

일 년 열두 달 내내 바쁘지만 매실이 나오는 철이 되면 더욱 분주합니다. 신선한 청매가 노랗게 변하기 전에 얼른 저장음식을 만들어야 해서 매실을 주문한 날에는 아무런 일정도 잡지 않게 됩니다.

재료
매실 25컵(5kg), 설탕 25컵(5kg), 올리고당 2½~4컵(500~800g)

만들기

1. 매실은 잘 씻어 수분을 닦아내고 과도로 과육을 6쪽 낸다.

2. 1을 볼에 담고 설탕으로 버무려 병에 담는다.

3. 설탕이 녹기 시작하면 올리고당을 반 정도 부어 설탕을 완전히 녹인다.

4. 중간중간 올리고당을 부어 과육이 떠오르지 않게 한 뒤 백 일 정도 숙성시켜 체에 거르거나 그대로 두고 먹는다.

매실잼

재료

황매 3컵(600g), 설탕 3/4컵(150g), 꿀 3큰술

만들기

1. 황매를 잘 씻어 과육만 벗겨내고 설탕을 뿌려 절인다.

2. 수분이 나오면서 절여지면 냄비에 넣고 약불에서 주걱으로 저어가며 끓인다.

3. 농도가 생기면 불을 끄고 꿀을 넣고 빨리 섞은 뒤 병에 담는다.

4. 뒤집어 완전히 식힌 뒤 냉장고에 보관한다.

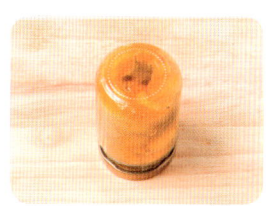

Tip : 쪼그라든 과육은 매실절임, 액체는 청이 된다. 매실절임은 냉장고에 보관하면서 그냥 먹거나 된장이나 고추장에 버무려 반찬으로 먹을 수 있다. 청은 물에 타 먹거나 여러 요리에 사용하는데 평균기온이 상승하고 아파트 생활이 많은 요즘에는 동량보다 많은 양의 설탕을 넣어야 상하지 않는다. 매실청은 높은 기온에 배탈이 자주 나고 피로가 심한 여름철에 먹으면 좋다.

매실식초

재료
황매 5컵(1kg), 설탕 3컵(600g)

만들기

1. 황매는 잘 씻어 물기를 빼고 병에 담는다.

2. 윗부분에 설탕을 두껍게 덮어 밀봉한다.

3. 1~2개월 지난 다음 체에 밭쳐 황매는 건지고 원액만 냄비에 따라 약불에서 한소끔 끓인다.

4. 냄비째 찬물에 담가 식힌 뒤 유리병에 담아 보관하여 사용한다.

Tip : 청매실은 구입한 지 하루나 이틀만 지나도 익기 시작하여 황매로 변하는데 황매로 변한 매실은 잼이나 식초, 우메보시로 만들 수 있다. 황매는 청매보다 약효가 약간 덜하지만 향이나 풍미는 더욱 좋다.
매실식초는 한소끔 끓을 때 떠오르는 불순물을 걷어내야 맑은 식초가 되고, 끓인 식초는 냄비째 담가 재빨리 식혀야 매실의 향이 달아나지 않는다.

오디잼

어린 시절 추억 때문인지 시장이나 마트에 오디나 산딸기, 앵두 같은 과일이 나오면 모조리 사오곤 합니다. 아이들이 고사리손으로 까만 입술을 물들이며 먹는 모습이 어찌나 사랑스러운지 까맣게 물든 옷은 보이지도 않지요.

재료
오디 4컵(500g), 설탕 1컵(200g), 레몬즙 2큰술

만들기
1. 오디는 잘 씻어 수분을 제거하고 바닥이 두꺼운 냄비에 담고 설탕과 레몬즙을 뿌려 수분이 살짝 나올 때까지 절인다.
2. 1의 오디를 중약불로 끓여 설탕을 완전히 녹인다.
3. 체에 밭쳐 국물과 건지를 거른 뒤 건지를 부드럽게 으깨 씨와 꼭지를 걸러낸다.
4. 3에서 거른 국물과 체에 거른 건지를 냄비에 담고 강불로 한소끔 끓인 뒤 중약불로 줄여 농도가 날 때까지 끓인다.
5. 따뜻할 때 바로 병에 담고 뒤집어 식힌다.

Tip : 오디에는 잔씨가 많아 그냥 먹기에는 껄끄럽기 때문에 체에 걸러주는 것이 좋다.

오디청

어린 시절 마을 입구에 커다란 뽕나무 한 그루가 있었어요. 오디는 뽕나무의 검붉은 열매로 초여름이면 친구들과 빨갛고 까맣게 익은 오디를 입이 새까매지도록 따 먹으며 서로 놀려대고 웃었지요.

남편이 다니는 운동 클럽에서 오디주스가 인기 음료라는 말을 듣고 오디청을 만들어 주기 시작했는데 '역시, 홈메이드'라는 칭찬을 자주 듣는답니다.

재료
오디 4컵(500g), 설탕 2½컵(500g), 올리고당 100~150g

만들기
1. 오디는 잘 씻어 수분을 제거하고 설탕에 버무려 병에 담는다.
2. 1에 올리고당을 부어 3개월 정도 숙성시킨 뒤 체에 걸러 소독한 병에 보관한다.

Tip : 오디청은 음료로 마셔도 맛이 있지만 고기를 재울 때 사용하거나 베이킹이나 떡을 만들 때 천연색소로 사용한다. 걸러낸 오디청의 과육을 졸여 체에 걸러 잼을 만들 수도 있다.

복숭아잼

재료

복숭아 과육만 2개(중간 크기 600g), 설탕 1컵(200g), 레몬즙 2큰술
천도복숭아일 경우: 천도복숭아 7~8개 정도

만들기

1. 복숭아는 잘 씻어 뾰족한 부분에 십자로 칼집을 넣고 팔팔 끓는 물에 1분 정도 데쳐 재빨리 찬물에 담가 껍질을 벗긴다.

2. 1의 복숭아의 과육을 잘라낸 뒤 사방 1센티미터 크기로 깍둑 썰어 바닥이 두꺼운 냄비에 담고 설탕과 레몬즙을 뿌려 절인다.

3. 설탕이 녹으면 중불로 끓여 설탕을 완전히 녹인다.

4. 설탕이 녹으면 약불로 줄여 주걱으로 저어가며 농도가 생기게 졸인다.

5. 불을 끄고 병에 바로 담고 뒤집어 식힌다.

Tip : 천도복숭아는 껍질을 칼로 벗겨 똑같은 과정으로 만든다.

복숭아콩포트

복숭아콩포트는 껍질에 털이 없는 천도복숭아가 먹기에 편하고 풍미는 황도나 백도가 더 좋습니다. 약간 단단한 품종의 복숭아로 만드는 것이 좋습니다.

재료

복숭아 2개(중간 크기 600g), 레몬즙 2큰술, 설탕 1/2컵(100g), 화이트와인 1컵, 민트잎 2큰술
천도복숭아일 경우: 천도복숭아 7~8개

만들기

1. 복숭아는 잘 씻어 뾰족한 부분에 십자로 칼집을 넣고 팔팔 끓는 물에 1분 정도 데쳐 재빨리 찬물에 담가 껍질을 벗긴다.

2. 1의 복숭아를 초승달 모양으로 잘라낸 뒤 레몬즙을 뿌려 갈변을 방지한다.

3. 화이트와인과 설탕을 냄비에 담고 강불로 끓여 설탕을 완전히 녹인다.

4. 3에 복숭아를 넣고 약불로 줄인 뒤 복숭아가 말개지도록 끓인다.

5. 꼬치로 찔러보아 부드럽게 들어가면 민트잎을 넣고 불을 끄고 바로 병에 담는다.

Tip : 복숭아콩포트는 차게 해서 바로 먹거나 화채로 만들어도 좋고 베이킹의 고명으로 사용하기도 한다.

산딸기잼·콩포트

어린 시절 시골의 여름은 산딸기가 지천으로 열려 개구쟁이들의 입을 즐겁게 해 주었습니다. 꼬마들이 다칠까 어른들은 뱀 나온다고 겁을 주었지만 산딸기 수확은 가을 찬바람이 불어야 끝이 났지요. 산딸기잼은 딸기잼과 달리 씨가 강하게 씹히는데 산딸기의 씨가 싫다면 고운 체에 걸러서 졸여주면 됩니다.

산딸기잼

재료

산딸기 5컵(500g), 설탕 1¼컵(250g), 레몬즙 1큰술

만들기

1. 산딸기는 흐르는 물에 잘 씻어 물기를 뺀 다음 대충 으깨어 설탕과 레몬즙을 뿌린다.
2. 산딸기가 절여지면 과육과 물을 모두 냄비에 담고 중불로 끓인다.
3. 끓어오르면 거품을 걷어내면서 되직한 농도로 졸인다.
4. 바로 소독한 병에 담고 거꾸로 뒤집어 둔다.

산딸기 콩포트

재료

산딸기 3컵(300g), 레몬필 1개분, 설탕 3/4컵(150g), 레몬즙 1큰술, 럼주 1큰술

만들기

1. 산딸기는 흐르는 물에 잘 씻어 꼭지를 잘라내고 물기를 뺀 다음 설탕과 레몬즙을 뿌린다.
2. 산딸기가 절여지면 냄비에 담고 중불로 끓여 설탕을 다 녹인다.
3. 2를 체에 밭쳐 국물만 강불로 끓인다.
4. 끓어오르면 절인 과육과 레몬필을 넣고 약불로 끓인 뒤 불을 끄고 럼주를 넣고 잘 섞는다.
5. 따뜻할 때 소독한 병에 담고 뒤집어 식힌다.

Tip : 산딸기는 색깔에 따라 라즈베리, 블랙베리 등으로 나뉜다. 콩포트의 과육을 졸일 때 불이 너무 세면 산딸기의 형태가 없어지므로 주의해야 한다. 산딸기콩포트는 모양이 예뻐 제과제빵을 할 때 토핑으로 사용하고 여름에 빙수나 에이드의 토핑으로도 많이 사용된다.

수박조청

단맛이 있는 액체를 오랫동안 고면 조청이 됩니다. 대표적으로 찹쌀이나 쌀조청이 있지요. 여름에는 수박으로 조청을 만들어 두고 갈증이 날 때마다 마시곤 하는데 다이어트에도 효과가 좋습니다.

재료
수박 1통분의 과육, 소금 약간

만들기

1. 수박은 껍질을 제거하고 과육만 깍둑 썰어 바닥이 두꺼운 냄비에 담는다.

2. 약불로 1을 과육이 무를 때까지 뭉근하게 끓인다(20분 정도).

3. 2를 체에 걸러 물은 다시 냄비에 담고 과육을 체에 내려 냄비에 담고 씨는 버린다.

4. 3에 소금을 약간 넣고 약불로 뭉근하게 조려 1/4정도 졸 때까지 끓여 병에 담는다.

5. 병을 뒤집어 완전히 식힌 뒤 냉장고에 넣고 보관한다.

Tip : 수박조청은 차나 주스로 마시면 다이어트와 부종해소에 효과가 있고, 샐러드드레싱이나 고기 요리의 밑간 양념으로 사용해도 좋다.

토마토잼

줄만 잘 올려주면 쑥쑥 자라서 빨간 열매를 선사해 주는 토마토는 빼놓지 않고 텃밭에 심는 작물입니다. 단맛이 든 여름 토마토는 잼으로 만들어 두어도 좋아요.

재료

방울토마토 혹은 주황토마토 2½줌(500g, 1알 20g 내외, 3컵)
설탕 1컵(200g), 레몬즙 2큰술, 통후춧가루 1/4작은술, 생강즙 1큰술

만들기

1. 방울토마토는 잘 씻어 꼭지를 따고 끓는 물에 데쳐 껍질을 벗긴다.

2. 1의 방울토마토를 2~4등분하여 설탕과 레몬즙, 통후춧가루를 뿌려 재운다.

3. 설탕이 녹으면 냄비에 옮겨 담고 생강즙을 뿌리고 중불로 끓인다.

4. 중간중간 주걱으로 저어가며 농도가 나게 끓인다.

5. 따뜻할 때 소독한 병에 담고 뒤집어 식힌다.

Tip : 토마토잼은 토마토의 색깔마다 조금씩 풍미가 다르다. 각각의 색으로 만들어 바게트나 통밀빵, 비스킷에 발라 먹으면 맛이 있고 홈메이드 수제용 파스타나 피자를 만들 때 사용한다.

토마토소스

파스타를 공부할 때 같이 배운 토마토소스는 실험정신을 불태워 부엌을 온통 토마토 색으로 물들였습니다. 색깔은 덜 빨갛지만 만들기만 하면 이탈리안 셰프의 솜씨 같은 피자와 파스타 맛을 선물해 주거든요. 토마토의 종류와 색깔에 따라 소스의 맛도 조금씩 달라집니다.

재료
넝쿨토마토 혹은 완숙토마토 10개/3~4개(500g), 바질잎 5장, 월계수잎 1~2장
화이트와인 3큰술, 설탕 1큰술, 소금 1작은술, 레몬즙 2큰술

만들기
1. 토마토는 잘 씻어 꼭지를 따고 4~5등분으로 잘라 바닥이 두꺼운 냄비에 담는다.
2. 1을 약불에 올려 뚜껑을 닫고 알이 터지도록 끓여 체에 거른다.
3. 체에 거른 토마토 즙과 바질잎, 월계수잎을 냄비에 넣고 반 정도 졸 때까지 중불로 졸인다.
4. 3을 체에 걸러 냄비에 담고 화이트와인, 설탕, 소금, 레몬즙을 기호대로 넣고 한소끔 끓인다.
5. 따뜻할 때 병에 담고 뚜껑을 덮고 뒤집어 그대로 식힌다.

Tip : 소스의 농도는 주걱으로 냄비 바닥을 죽 긁었을 때 주걱의 길이 나면서 서서히 덮어지면 적당하다. 너무 빨리 덮어지면 수분이 아직 많은 것이므로 더 졸여야 한다. 녹말물을 풀어 넣고 좀더 되직하게 하면 홈메이드 케첩이 된다.

로즈마리향 토마토 피클

어린 시절 여성들의 우정과 사랑을 잔잔하게 그린 〈프라이드 그린 토마토〉라는 영화를 보았습니다. 덜 익은 토마토에 빵가루를 입혀 튀겨 먹는 미국 남부지방의 전통요리인데 풋토마토를 요리할 때마다 영화의 제목과 내용이 어렴풋이 떠오릅니다. 풋토마토는 마트의 청과 코너 담당자에게 부탁하면 쉽게 구할 수 있지요. 토마토는 후숙하기 때문에 상자를 처음 개봉하면 거의 풋토마토거든요.

재료
풋토마토 5~6개(작은 크기 600g)
생로즈마리 4~5줄기, 레몬 슬라이스 1/2개분

피클물
물 1½컵, 식초 1½컵, 설탕 1½컵, 굵은 소금 3큰술
피클링 스파이스 1큰술

만들기
1. 토마토는 잘 씻어 꼭지를 따고 초승달 모양으로 썬다.
2. 병에 토마토와 로즈마리, 레몬 슬라이스를 담는다.
3. 분량의 피클물을 팔팔 끓여 2에 부어 그대로 식힌다.
4. 뚜껑을 닫고 3일 정도 숙성한 뒤 피클물만 따라내어 다시 끓여 식혀 부어준다.

Tip : 피클을 담글 토마토는 숙성이 되지 않은 초록색의 풋토마토를 사용해야 무르지 않고 숙성 후 아삭해진다. 피클물 끓이기를 2~3회 정도 반복하면 더 오래 두고 먹을 수 있다.

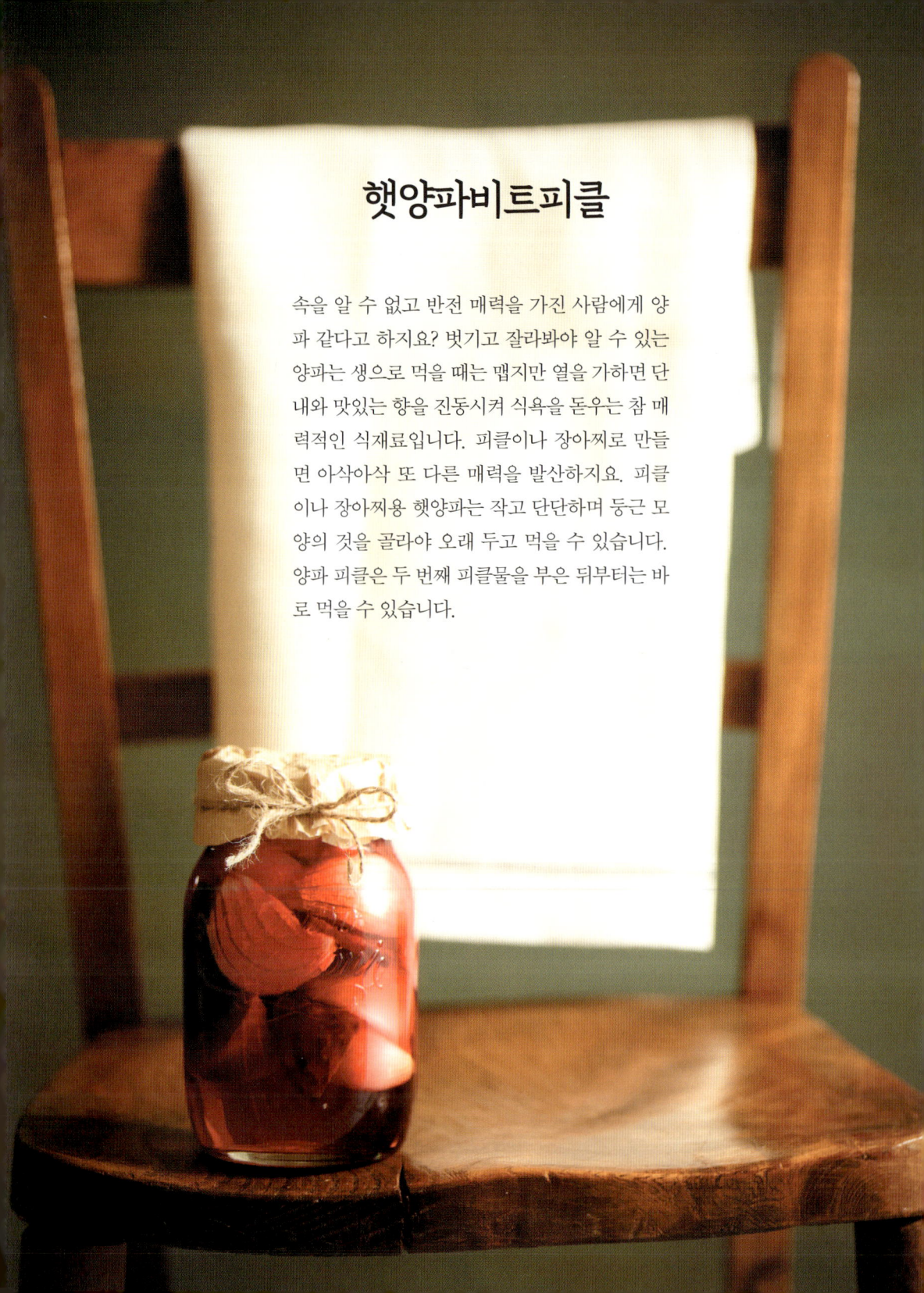

햇양파비트피클

속을 알 수 없고 반전 매력을 가진 사람에게 양파 같다고 하지요? 벗기고 잘라봐야 알 수 있는 양파는 생으로 먹을 때는 맵지만 열을 가하면 단내와 맛있는 향을 진동시켜 식욕을 돋우는 참 매력적인 식재료입니다. 피클이나 장아찌로 만들면 아삭아삭 또 다른 매력을 발산하지요. 피클이나 장아찌용 햇양파는 작고 단단하며 둥근 모양의 것을 골라야 오래 두고 먹을 수 있습니다. 양파 피클은 두 번째 피클물을 부은 뒤부터는 바로 먹을 수 있습니다.

재료
피클용 햇양파 5개(600g), 비트 1/6개(60g)

피클물
물 1½컵, 식초 1½컵, 설탕 1컵, 굵은 소금 4큰술, 월계수잎 1장, 레몬 1/2개
페페론치노 2개, 통후추 약간

만들기
1. 양파는 겉껍질을 벗기고 밑동을 살려 분리되지 않게 결대로 6등분한다.
2. 비트는 잘 씻어 껍질을 벗기고 부채꼴 모양으로 썬다.
3. 양파와 비트를 병에 담는다.
4. 분량의 피클물을 팔팔 끓여 3에 부어 식혀 뚜껑을 닫는다.
5. 2~3일 숙성시킨 뒤 피클물만 따라내어 끓여 식혀 붓는다.

Tip : 양파에 들어 있는 케르세틴과 알리신 성분은 혈관 내에서 혈전과 섬유소 용해 작용을 활발하게 하고 대장균, 살모넬라균, 결핵균, 폐렴균에 대한 항균력이 있어 식중독이나 감기, 고혈압이나 비만 예방에도 효과적이다.

깐마늘오미자피클

햇마늘은 햇빛을 받으면 초록색으로 변하는 녹변현상이 나타나는데 먹는 데는 이상이 없고 피클물에 오래 담가 두면 녹변현상이 없어집니다. 피클을 만든 뒤 어두운 곳에서 보관하는 것도 방법이에요. 묵은 마늘은 저온저장을 오래 하거나 싹이 나려고 심이 돋은 것은 피해야 녹변현상을 방지할 수 있어요.

재료
깐 햇마늘 2컵(300g)

피클물
오미자 우린 물 2컵, 식초 2컵, 설탕 1½컵, 굵은 소금 2큰술, 레몬 슬라이스 1/4개분, 오미자 3큰술

만들기

1. 깐마늘은 잘 씻어 꼭지를 자르고 수분을 제거하고 병에 담는다.

2. 오미자를 제외한 분량의 피클물을 팔팔 끓인 뒤 한김 식혀 오미자를 넣는다.

3. 2를 1의 병에 담고 일주일 정도 숙성한다.

4. 3을 국물만 따라내어 다시 끓여 식혀 붓는다(이 과정을 2~3회 정도 반복한다).
5. 2개월 정도 숙성한 뒤 먹는다.

Tip : 마늘에는 강력한 살균작용을 하는 알리신이 풍부해 면역력을 키우고 식중독을 예방한다. 또 게르마늄이 풍부한데 게르마늄은 비타민 B1과 결합 시 비타민 B1을 무제한으로 흡수하고 체내에 저장하여 피로 회복 효과와 정력 증강에 좋다. 오미자 우린 물은 오미자 1/4컵을 물 3컵에 하룻밤 우려서 체에 걸러 만든다. 국산 오미자가 색이 잘 우러나고 붉은 색이 곱다.

꽈리고추피클·아삭이고추양파피클

피클과 짝인 할라피뇨는 아삭이고추로 만들면 맛이 비슷합니다. 씹으면 '아삭아삭' 소리가 들릴 정도로 과육이 두껍고 맵지 않으면서 수분이 풍부해 피망처럼 사용하기도 합니다. 길이가 짧은 아삭이고추와 오이처럼 긴 오이고추가 있는데 크게 구분하지는 않습니다. 주로 볶거나 조리거나 피클이나 장아찌를 담그지요.

꽈리고추 피클

재료
꽈리고추 3줌(150g)
양파 1/2개

피클물
물 2컵, 식초 1½컵, 설탕 1컵, 굵은 소금 5큰술
베트남 건고추 3개, 피클링 스파이스 1큰술

만들기
1. 꽈리고추는 잘 씻어 수분을 제거하고 이쑤시개로 살짝 찔러 밀폐 용기에 담는다.
2. 양파는 굵직하게 채 썰어 1에 담는다.
3. 분량의 피클물을 팔팔 끓여 식혀 1에 부어 2주일 정도 숙성한다.
4. 피클물만 다시 따라내어 끓여 식혀 부어 준 뒤 2주일 후부터 먹는다.

아삭이고추 양파피클 (할라피뇨)

재료
아삭이고추 25개 내외(500g), 양파 1/2개

피클물
물 2컵, 식초 2컵, 설탕 1½컵, 굵은 소금 3큰술, 피클링 스파이스 1큰술

만들기
1. 아삭이고추는 잘 씻어 수분을 제거하고 7밀리미터 두께로 동그란 모양을 살려 썬다.
2. 양파는 아삭이고추 크기로 네모 모양으로 썰고 1과 함께 병에 담는다.
3. 분량의 피클물을 팔팔 끓여 2에 부어 완전히 식힌다.
4. 뚜껑을 덮어 3일 정도 숙성시킨 뒤 피클물만 다시 따라내어 팔팔 끓여 식혀 다시 부어준 뒤 냉장고에 넣어 두고 먹는다.

Tip : 꽈리고추는 과육이 무르기 때문에 피클물을 식혀서 부어야 한다. 숙성되면 특유의 쓴맛이 나므로 충분히 숙성한 뒤에 먹는 것이 좋다. 아삭이고추피클은 약간 매콤하면서 아삭하고 특유의 쓴맛이 없어 주로 피자나 파스타에 곁들인다.

노각파프리카피클

늙은 오이를 노각이라고 하지요. 노각은 수분 함량이 90퍼센트나 되므로 껍질과 씨를 제거하고 과육을 썰어 소금에 절였다가 사용해야 보관기간이 늘어납니다. 손질한 노각은 무침, 김치, 장아찌 등을 만들 수 있고 여름에는 시원한 냉국을 만들기도 하지요. 알이 굵고 곧으며 껍질이 두껍고 광택이 있는 것을 골라야 해요.

재료
노각 1개, 파프리카 노랑·주황·빨강 1/2개씩
굵은 소금 약간

피클물
물 1½컵, 식초 1½컵, 설탕 1컵, 굵은 소금 1큰술
피클링 스파이스 1작은술

만들기
1. 노각은 잘 씻어 반으로 갈라 껍질을 벗기고 씨를 긁어낸 뒤 부채꼴 모양으로 썰어 굵은 소금을 뿌려 30분 정도 절인 뒤 잘 씻어 물기를 제거한다.
2. 파프리카는 잘 씻어 씨를 제거하고 노각 크기의 직사각형 모양으로 썬다.
3. 분량의 피클물을 팔팔 끓여 식혀 2에 부어준다.
4. 3일 정도 숙성한 뒤 물만 따라내어 다시 끓여 식혀 부어낸다.

Tip : 피클물을 부었을 때 노각에서 물이 많이 나오기 때문에 노각이 덜 잠겨도 걱정할 필요가 없다. 노각피클은 다시 끓여 식혀 붓기를 2회 이상 해 주어야 쉽게 변하지 않는다. 노각은 오이보다 수분 함량이 높고 칼로리는 더욱 낮다. 파프리카는 색깔에 따라 비타민의 함량이 조금씩 다른데 붉은색에 가까울수록 비타민 A의 전구체인 카로틴이 풍부하고 초록색에 가까울수록 비타민 C가 많다.

수박껍질피클

여름이면 음식물 쓰레기 처리가 골치지요. 특히 수박은 껍질로만 봉지 하나를 가득 채울 정도에요. 수박의 껍질은 오이와 비슷한 식감과 맛을 가지고 있어 여러 가지 저장음식을 만들 수 있습니다.

재료
수박껍질 1통 분량

피클물
물 2컵, 식초 1컵, 레드와인비네거 1/2컵, 설탕 1컵
굵은 소금 3큰술, 피클링 스파이스 2작은술

만들기
1. 수박껍질은 초록색 부분을 제거하고 3×5센티미터 크기로 도톰하게 썬다.
2. 레드와인비네거를 제외한 분량의 피클물을 팔팔 끓여 설탕과 소금을 녹인 뒤 불을 끄고 레드와인비네거를 넣는다.
3. 1에 2를 부어 3일 정도 숙성시킨 뒤 다시 물만 따라내어 다시 끓여 식혀 붓는다.
4. 먹기 좋은 크기로 잘라 먹는다.

Tip : 제철의 수박은 껍질이 얇으므로 그냥 잘라서 바로 담그고 이른 여름의 수박은 수박껍질을 소금으로 살짝 절인 뒤 꼭 짜서 사용하는 것이 좋다. 레드와인비네거가 없다면 양조식초나 현미식초를 사용한다.

참외카레피클

수박과 참외는 여름 과채의 대표지요. 참외는 맛도 달고 수분이 많고 성질이 시원해 체열을 내리는 데 효과가 있습니다. 참외처럼 수분이 많으면서 단단한 채소는 뜨거운 물을 바로 부어 피클이나 장아찌를 담그면 조직이 아삭해지지요. 무색의 참외에 카레 가루를 넣으면 색다른 피클이 되는데 카레 가루는 시판용을 사용하고 인스턴트의 풍미가 싫다면 강황가루를 넣어도 됩니다.

재료
참외 4개(중간 크기), 양파 1/2개

피클물
물 2컵, 식초 1½컵, 설탕 3/4컵, 굵은 소금 1큰술
카레 가루 2큰술, 레몬 슬라이스 1/2개분, 피클링 스파이스 1작은술

만들기

1. 참외는 잘 씻어 껍질을 벗기고 씨를 긁어내고 부채꼴 모양으로 깍둑 썬다.

2. 양파는 잘 씻어 도톰하게 채 썰어 참외와 섞어 밀폐 용기에 담는다.

3. 분량의 피클물을 팔팔 끓여 2에 부어 그대로 식힌다.

4. 이틀 뒤 피클물만 따라내어 다시 끓여 식혀 부은 뒤 냉장고에 넣어 두고 먹는다.

Tip : 참외에는 피로 회복에 좋은 비타민 C가 들어 있어 여름철 열대야로 잠 못 이루어 피곤할 때 먹으면 효능이 있다. 나트륨을 배출하는 칼륨 성분도 풍부해 부종에도 좋다. 참외가 덜 달다면 설탕을 추가해서 넣는 것이 좋다.

옥수수병조림·여름풋콩병조림

옥수수 병조림

재료
옥수수알 3컵

조미물
물 2컵, 청주 3큰술, 설탕 5큰술, 굵은 소금 1큰술

만들기

1. 옥수수가 잠길 정도의 물을 부어 부드럽게 삶아 뜨거울 때 알만 벗겨낸다.
2. 분량의 조미물을 팔팔 끓여 설탕과 소금을 녹인 뒤 1의 옥수수알을 넣고 중불로 끓인다.
3. 옥수수에 간이 배면 소독된 병에 담고 뚜껑을 살짝 닫아준다.
4. 뚜껑을 살며시 덮고 깊은 냄비에 넣고 병이 반쯤 잠길 정도의 물을 부어 팔팔 끓인다(20~30분 정도).
5. 뚜껑을 꽉 닫고 병을 거꾸로 세워 식힌 뒤 보관한다.

여름풋콩 병조림

재료
여름풋콩알 3컵

조미물
물 2컵, 설탕 2작은술, 굵은 소금 3큰술, 월계수잎 1개, 통후추 약간

만들기

1. 풋콩을 잘 씻어 병에 차곡차곡 담는다.
2. 병에 분량의 조미물을 팔팔 끓여 1에 부어준다.
3. 뚜껑을 살며시 덮고 깊은 냄비에 넣는다.
4. 병이 반쯤 잠길 정도의 물을 부어 팔팔 끓인다(15분 정도).
5. 뚜껑을 꽉 닫고 병을 거꾸로 세워 식힌 뒤 보관한다.

Tip : 제철의 옥수수는 말리거나 냉동하는 방법 이외에도 병조림으로 만들어 두면 피자나 파스타, 샐러드를 만들 때 바로 꺼내 쓰기가 편하다.
풋콩의 껍질을 까서 알만 밥에 넣거나 조릴 수 있고 샐러드나 튀김을 만들기도 한다. 달콤하게 조려 주로 제과제빵용으로 사용한다. 말리거나 병조림으로 만들어 두면 일 년 내내 사용이 가능하다. 꼬투리가 촉촉하고 벌레 먹은 것이 없으며 모양이 고른 것으로 골라야 한다.

오이피클

여름은 그야말로 오이의 계절이지요. 제철 음식이 중심인 한식은 여름 내내 오이로 수십 가지의 요리를 할 수 있을 정도로 조리법이 많습니다.

오이로는 다양하게 피클을 만들 수 있고 자른오이피클은 성격이 급한 분께, 통오이피클은 느긋한 분께 권합니다.

재료
미니오이 15개(백오이일 경우 5개), 굵은 소금 1/2컵

피클물
물 4컵, 식초 3컵, 설탕 2컵, 굵은 소금 3큰술, 생강 1/4톨, 통계피 반쪽, 말린 홍고추 4개, 레몬 1개
피클링 스파이스 1큰술

만들기

1. 오이는 껍질째 잘 씻어 굵은 소금에 문질러 30분 정도 절인 후 잘 씻어 수분을 제거한다.

2. 분량의 재료를 넣고 피클물을 팔팔 끓인다.

3. 오이를 밀폐 용기에 담고 뜨거운 피클물을 붓는다.

4. 3일 정도 숙성한 후 피클물만 다시 따라내어 끓여 식혀 붓고 4~5일 숙성시킨 후 먹는다.

재료
씨가 굵지 않은 청오이 3개, 굵은 소금 2작은술

피클물
물 2컵, 식초 1컵, 설탕 1컵, 굵은 소금 1큰술, 베트남 고추 2개, 생강 편 2조각
레몬 슬라이스 1/2개, 월계수잎 1장, 피클링 스파이스 1작은술

만들기
1. 청오이는 5밀리미터 두께로 둥글게 썰어 굵은 소금을 넣고 30분 정도 절여 씻지 않고 체에 밭쳐 유리 용기에 담는다.
2. 분량의 피클물을 강불로 12~13분 정도 팔팔 끓여 한김 식힌다.
3. 1에 2를 부어 차게 식힌 뒤 냉장고에 넣고 하루 정도 숙성한 뒤 바로 먹는다.

Tip : 기호에 따라 매운 고추나 양파를 같이 넣고 만들어도 좋다.

오이지

아삭아삭한 서울식 오이지는 만들기는 쉽지만 꼼꼼한 관리가 필요한 여름철 필수 장아찌입니다. 오이지 한 통이면 여름 내내 반찬이며 냉국이 저절로 해결되지요.

재료

백오이 10개, 천일염 2컵, 물 5컵

만들기

1. 오이는 꼭지를 짧게 잘라내고 굵은 소금으로 문질러 씻어 물기를 제거하고 밀폐 용기에 담는다.

2. 천일염을 넣은 물을 쌀쌀 끓여 1에 부어준 뒤 무거운 것으로 눌러준다.

3. 3~4일 후 소금물만 다시 끓여 식혀 부어 실온에 두어 3일 정도 숙성한다.

4. 3의 과정을 한 번 더 반복한 뒤 냉장 보관하여 먹을 만큼 덜어내어 짠맛을 우러내고 무침이나 냉국으로 먹는다.

Tip : 오이지는 꼭지가 서로 닿으면 숙성되면서 무르기 때문에 꼭지를 짧게 잘라주는 것이 좋다. 숙성되는 동안 오이가 소금물 위로 떠오르지 않아야 골마지가 끼지 않는다. 깨끗하게 소독한 무거운 돌로 눌러주거나 누름접시로 눌러주는 것이 좋다.

오이방아향간장장아찌

친정 엄마와 할머니께서 만들어 주신 오이장아찌에서는 독특한 향이 났습니다. 경상도에서 많이 먹는 방아라는 풀잎 때문인데 방아는 토종 허브의 일종으로 깻잎과는 다른 향이 나지요. 향이 어색하다면 깻잎을 사용해도 좋아요.

재료
백오이 5개, 방아잎 30장(깻잎 10장), 굵은 소금 3큰술

장아찌물
간장 1컵, 물 1/2컵, 식초 1컵, 설탕 1/2컵
청주 4큰술, 건고추 1개

만들기
1. 오이는 잘 씻어 4~5센티미터 길이로 잘라 4등분하여 씨를 빼내고 소금을 뿌려 2시간 정도 재운 후 수분을 제거한다.
2. 분량의 장아찌물을 끓여 체에 걸러 식힌다.
3. 방아잎은 한 장씩 잘 씻어 수분을 제거하고 실로 꼭지를 돌돌 만다.
4. 병에 오이와 방아잎을 담고 장아찌물을 붓고 일주일 후 다시 장아찌물을 끓여 식혀 붓는다.

Tip : 장아찌를 만들 때 장아찌물을 다시 끓여 붓는 이유는 절이면서 생긴 수분을 증발시키고 보관성을 좋게 하기 위해서이다. 수분이 많은 식재료를 사용했다면 귀찮더라도 잊지 않고 해야 하는 과정이다. 방아잎을 실로 묶어 놓으면 국물에 지저분하게 떠다니는 것을 막을 수가 있다.

오이고추장박이

오이는 수분이 많아 장에 박아 둘 수 없을 것 같지만 고추장에 박은 오이고추장박이를 먹어보면 그 꼬들하고 매콤한 맛에 반하게 되지요. 여름 오이 한 접은 피클로 오이지로 고추장박이로 변신하느라 금세 동이 나고 말지요.

재료
백오이 5개, 굵은 소금 1컵
올리고당 2컵, 고추장 2~3컵

만들기
1. 오이는 잘 씻어 굵은 소금에 굴려 하룻밤 정도 절인다.
2. 1의 오이를 잘 씻어 수분을 제거하고 올리고당에 담가 하룻밤 절인다.
3. 고추장 1컵을 덜어 오이에 고루 버무린다.
4. 3을 밀폐 용기에 담고 고추장을 덮어 중간중간 수분이 생기면 고추장을 갈아주며 한 달 정도 숙성시킨다.

Tip : 절임 채소가 너무 짤 때는 조청이나 물엿, 올리고당에 버무리면 꼬들꼬들해지면서 짠기가 빠진다. 장류 장아찌에서 장을 갈아주는 것은 채소에서 나온 수분 때문에 장이 묽어지기 때문이다. 이때는 장을 덜어내고 새로운 장으로 덮어준다. 골마지가 끼면 잘 씻어서 올리고당에 버무려 짠맛을 빼고 만든다.

토마토양파간장장아찌

요리를 배우러 다니던 시절에는 선생님 댁의 부엌이나 다용도실에 새로운 것이 보이면 궁금해서 잠이 안 올 정도였어요. 토마토장아찌도 그중 하나인데 레시피를 도통 공개하지 않아 집에서 학구적으로 만들어 보았습니다. 토마토가 익으면 시큼해진다는 것을 몰라 처음 한두 번 만든 것은 모두 버렸지만 비법을 터득한 지금은 맛있게 담가 먹고 있습니다.

재료
풋토마토 15개(작은 크기 1.5kg), 장아찌용 양파 3개(300g)

장아찌물
간장 1/2컵, 국간장 1컵, 물 3컵, 식초 2컵, 설탕 2컵, 굵은 소금 2큰술
건고추 1개, 생강 1/4쪽

만들기
1. 토마토는 잘 씻어 꼭지를 따고 수분을 닦아낸다.
2. 양파는 껍질을 벗기고 잘 씻어 밑동이 잘라지지 않게 4~6등분한다.
3. 1과 2를 고루 섞어 병에 담는다.
4. 분량의 장아찌물을 팔팔 끓여 3에 부어 그대로 식힌다.
5. 일주일 정도 숙성한 뒤 장아찌물만 따라내어 다시 끓여 식혀 붓기를 2회 정도 반복한다.

Tip : 붉은색의 토마토는 껍질이 벗겨지고 과육이 쉽게 무르므로 꼭 풋토마토로 담그는 게 좋다. 풋토마토는 신맛이 강해 설탕과 식초를 동량으로 넣어야 한다.

통마늘간장장아찌

할머니와 엄마는 일이 많아서인지 점심을 물이나 국에 말아 대충대충 드실 때가 많았어요. 철마다 나오는 재료를 말리고 절이고 삭히다 보니 이제야 할머니와 엄마를 이해하게 됩니다. 봄부터 초여름 사이의 빠른 손놀림은 더위와 습기로 손가락 하나 까딱하기 싫은 여름에 톡톡히 보은을 하지요. 햇마늘로 만든 통마늘장아찌는 껍질을 벗기고 마늘을 쏙쏙 빼 먹는 재미도 쏠쏠해요.

재료
통마늘 10대 정도(500g)

1차절임물
물 2컵, 식초 2컵, 굵은 소금 1/4컵

장아찌물
간장 1컵, 설탕 1½컵, 청주 1/2컵, 레몬 슬라이스 1/2개분

만들기
1. 마늘은 마늘대를 2센티미터 정도 남기고 질긴 껍질만 벗겨 병에 차곡차곡 담는다.
2. 1에 1차절임물을 고루 섞어 부은 뒤 일주일 정도 숙성한다.
3. 2의 물을 따라내어 분량의 장아찌물 재료와 섞어 팔팔 끓여 식힌다.
4. 3을 마늘에 부어 1~2개월 정도 숙성한 뒤 먹는다.

Tip : 햇마늘이라고 해도 마늘이 유통되면서 겉껍질은 질겨지고 수분도 점점 없어진다. 건조한 겉껍질을 벗겨내고 만들어야 장아찌물이 잘 스며든다.

깐마늘장아찌·초마늘고추장버무리

마늘의 알리신 성분이 가지는 강력한 살균·항균 작용은 마늘장아찌를 먹게 되는 여름에 꼭 필요한 효능이지요. 햇마늘 나오는 시기를 놓쳤거나 마늘을 구입한 뒤 시간이 조금 경과했다면 깐마늘장아찌를 만들거나 초마늘을 만들면 됩니다.

깐마늘장아찌를 담그는 과정에서 1차 숙성한 초마늘을 고추장이나 된장에 버무려 저장하면 다른 버전의 장아찌로 만들 수도 있습니다.

깐마늘 장아찌

재료
깐마늘 3컵

1차절임물
물 1컵, 식초 2컵

장아찌물
간장 1/2컵, 설탕 1컵, 굵은 소금 3큰술

만들기
1. 마늘은 잘 씻어 수분을 제거하고 꼭지를 따고 병에 담는다.
2. 1에 1차절임물을 넣고 일주일 정도 숙성하여 매운 맛과 아린 맛을 뺀 뒤 체에 걸러 알과 물을 분리한다.
3. 2의 분리한 물과 나머지 재료를 넣고 장아찌물을 끓여 설탕을 녹인 뒤 완전히 식힌다.
4. 1에 2를 부어 일주일 정도 숙성한 뒤 장아찌물만 따라 끓여 식혀 부어 한 달 정도 숙성시킨다.

초마늘 고추장 버무리

재료
1차 초마늘 2컵, 고추장 1컵, 조청 3큰술

만들기
1. 식초와 물을 부어 숙성한 1차 초마늘을 체에 걸러 물기를 제거한다.
2. 고추장과 조청을 버무려 밀폐 용기에 담고 2~3일 정도 숙성시켜 먹는다.

Tip : 마늘을 1차절임물에 담가 숙성할 때 햇볕이 들면 초록색으로 변하게 되는데 다시 숙성하면 제 색깔로 돌아온다.
고추장박이용이 아닌 초마늘은 깐마늘에 식초와 물을 부어 숙성시킨 1차 초마늘을 걸러 감식초나 현미식초만 부어 다시 숙성시켜 만들면 된다.

모둠고추양파장아찌

여름 고추는 웬만한 과일보다 비타민 C가 풍부해 장아찌나 피클로 담가두면 여름철 비타민 보충에 좋습니다. 매콤한 맛이 있어 떨어진 입맛을 보충하는 데도 도움을 주지요. 여러 가지 맛의 고추를 양파와 섞어서 모둠으로 장아찌를 담그면 매운맛과 단맛이 고르게 배지요.

재료
풋고추 25개, 청양고추 10개, 홍고추 3개, 양파 1개

장아찌물
간장 1컵, 물 1컵, 식초 1컵, 설탕 1컵, 굵은 소금 4큰술, 청주 1/2컵, 생강 슬라이스 2쪽

만들기
1. 고추는 잘 씻어 꼭지를 따고 2센티미터 정도 크기로 썬 뒤 고추씨를 털어낸다.
2. 양파는 사방 2센티미터 크기의 네모 모양으로 썰어 고추와 양파를 고루 섞어 밀폐 용기에 담는다.
3. 분량의 장아찌물 재료를 섞어 우르르 끓여 체에 걸러 식힌다.
4. 2에 3을 부어 3일 정도 숙성한 뒤 장아찌물만 따라내어 다시 끓여 식혀 부어 바로 먹는다.

Tip : 고추를 잘라서 장아찌를 담그기 때문에 고추씨가 둥둥 떠다닐 수 있으므로 고추씨를 털어내는 것이 좋다.

꽈리고추간장장아찌

남은 꽈리고추로 장아찌를 담갔더니 쓴맛이 강해 먹을 수가 없었어요. 꽈리고추는 일반 고추와는 달리 장이 배면 쓴맛이 돌기 때문이에요. 오래 숙성하면 쓴맛이 없어지지만 식초에 담가 쓴맛을 우린 뒤 사용하는 게 좋아요.

재료
꽈리고추 3줌(150g), 식초 2컵

장아찌물
간장 1½컵, 물 1컵, 설탕 1컵, 건고추 1개

만들기
1. 꽈리고추는 어린 것을 따서 씻은 다음 꼭지를 적당히 자르고 이쑤시개로 구멍을 뚫어 식초를 부어 하룻밤 절인다.
2. 1의 식촛물을 따라내어 나머지 장아찌물 재료를 넣고 팔팔 끓여 식힌다.
3. 절인 꽈리고추에 2를 부어 일주일 정도 절인 뒤 장아찌물만 따라 끓여 식혀 부은 뒤 일주일 정도 지나고 먹는다.

Tip : 꽈리고추를 식초에 부어 절이면 맵고 지린 맛이 빠져나와 장아찌를 맛있게 먹을 수 있다.

매실된장박이&고추장박이

매실을 통으로 담그지 않고 잘라서 담가 그런지 청을 물에 타 마시고 나면 과육이 많이 남습니다. 이 절임을 고추장이나 된장에 버무려 먹으면 별미예요. 장맛이 스며들 때까지 일주일 정도의 시간이 걸립니다.

재료
매실절임 1½컵, 된장 1/2컵, 올리고당 2큰술
매실절임 1½컵, 고추장 1/2컵, 올리고당 2큰술

만들기
1. 매실절임에 된장과 올리고당을 고루 버무려 밀폐 용기에 담고 일주일 정도 숙성한 뒤 먹는다.
2. 매실절임에 고추장과 올리고당을 고루 버무려 밀폐 용기에 담고 일주일 정도 숙성한 뒤 먹는다.

Tip : 청매의 과육을 저며 소금과 설탕을 뿌려 절였다가 만들 수도 있는데 이때는 물기를 꼭 짜고 고추장이나 된장에 2~3개월 정도 박아 숙성시켜야 한다.

우메보시

시고 짜고 맵고 달고 아린 맛이 거의 남아 있는 일본식 장아찌 우메보시는 청매를 구입하고도 바빠서 손질을 못해 황매가 되기 시작할 때 만들면 좋습니다. 통우메보시를 잘 발라 먹을 수도 있고 잘게 다져 소스나 양념장을 만들 때 넣어서 사용해도 되지요. 차조기는 잎 상태, 원액 상태, 분말 상태인 것을 구입할 수 있어요.

재료
황매실 3kg, 굵은 소금 300g, 차조기잎 600g, 차조기 절일 굵은 소금 80g

만들기
1. 황매는 잘 씻어 꼭지를 제거하고 분량의 소금에 버무려 밀폐 용기에 넣고 2주일 정도 숙성한다.
2. 차조기 잎을 깨끗이 씻어 분량의 소금을 반 정도 넣고 부드럽게 치댄다.
3. 푸른 물이 나오며 차조기가 절여지면 잘 씻어 물기를 꼭 짠 뒤 남은 소금을 넣고 치댄 뒤 물기를 꼭 짠다.
4. 절인 매실을 체에 걸러 백초와 매실을 분리한다.
5. 매실과 차조기를 고루 섞어 병에 담고 백초를 부어 일주일 정도 숙성한다.
6. 붉은색이 든 매실을 낮에는 채반에 널어 말리고 밤에는 홍초에 담그기를 3일 정도 반복하고 3년 정도 숙성시킨 뒤 체에 걸러 먹는다.

Tip : 백초는 매실을 소금에 절이면 나오는 하얀 물인데 일본에서는 식초처럼 쓰기도 한다. 백초에 차조기를 담그면 홍초가 되고 이것 역시 식초처럼 사용한다. 3개월 정도 숙성시킨 뒤 먹을 수도 있지만 몇 년씩 오래 숙성시키면 더욱 맛이 좋다.

청양고추된장박이

청양고추는 캡사이신 성분이 다른 고추에 비해 다량 함유되어 매운맛이 강한 만생종 고추로 과육이 단단하고 길이는 풋고추보다 짧아요. 매운 향이 강하고 과피가 두꺼워 오래 저장해도 맛이 변하지 않는 장점이 있어 피클이나 장아찌에 자주 사용되고 면요리나 찌개 등의 국물 요리를 할 때 칼칼한 맛을 내는 재료로 섞어 사용하기도 해요. 갈거나 굵직하게 다져 양념장이나 소스의 매운맛을 낼 때 사용하기도 하지요.

재료
청양고추 3줌(300g), 된장 2컵, 조청 1컵

만들기
1. 청양고추는 잘 씻어 꼭지를 짧게 자르고 수분을 제거한다.
2. 1의 고추에 된장을 버무려 밀폐 용기에 담는다.
3. 2에 조청을 부어 덮은 뒤 2주일 정도 후부터 먹는다.

Tip : 청양고추에는 비타민이 풍부하고 수분이 많아 여름 피로 회복에 효과적이다. 청양고추에 된장이 배어 들기 시작할 무렵부터 완전히 숙성되었을 때가 먹기에 가장 좋은데 먹다가 남은 것은 된장째 갈아 칼칼한 찌개용 된장이나 쌈장을 만들 수 있다.

생깻잎된장박이

깻잎된장박이는 우리 집에 오셔서 식사하시는 모든 분들이 욕심껏 드시는 장아찌입니다. 삼겹살을 구울 때 곁들이거나 물 말은 밥에 올려 먹으면 게장 못지 않은 여름 밥도둑이 된답니다.

재료
깻잎 150장(300g), 된장 3컵, 조청 1컵

만들기
1. 깻잎은 한 장씩 잘 씻어 줄기는 1센티미터 정도 길이로 자르고 물기를 제거한다.
2. 밀폐 용기에 깻잎을 2~3장씩 겹쳐 넣고 된장을 켜켜이 바른다.
3. 남은 된장으로 깻잎을 덮고 조청을 부어 한 달 정도 숙성시킨다.

Tip : 깻잎의 물기를 제거하지 않으면 겉물이 생기고 깻잎이 까맣게 변색되므로 한 장씩 꼼꼼하게 물기를 제거해야 한다.

깻잎간장장아찌

여름 깻잎은 물만 줘도 쑥쑥 자랍니다. 상추와 키 자랑이라도 하듯이 가지와 잎을 늘려 가지요. 가을에 단풍이 물든 깻잎은 질겨서 삭힌 뒤 장아찌를 만들어야 하지만 여름 깻잎은 장아찌물만 부어두면 손쉽게 만들 수 있어요.

재료
깻잎 150장(300g)

장아찌물
간장 1½컵, 다시마물 1컵, 식초 1½컵, 설탕 1컵, 건고추 1개, 레몬 슬라이스 1/2개분, 생강 슬라이스 1/4개분

만들기
1. 깻잎은 잘 씻어 줄기를 3센티미터 정도 길이로 잘라 밀폐 용기에 차곡차곡 담는다.
2. 분량의 장아찌물을 팔팔 끓여 한김 식힌 뒤 1에 붓고 그대로 식힌다.
3. 뚜껑을 덮고 일주일 정도 숙성한 뒤 장아찌물만 따라내어 다시 끓여 식혀 부어준 뒤 바로 먹는다.

부추양파간장장아찌

부추는 따뜻한 성질을 가진 몇 안 되는 훈채지요. 봄부터 여름까지가 제철인데 봄 부추는 인삼과 바꾸지 않을 정도로 기를 돋우는 작용이 좋고 부드럽지만 질긴 여름 부추는 장아찌나 김치로 담가 먹기 좋아요.

재료
부추 1줌(100g), 양파 1½개

장아찌물
간장 1½컵, 다시마물 1컵, 식초 1½컵, 설탕 1컵, 건고추 1개, 레몬 슬라이스 1/2개분, 생강 슬라이스 1/4개분

만들기
1. 부추는 잘 씻어 밀폐 용기에 가지런히 담는다.
2. 양파는 잘 씻어 밑동이 나누어지지 않게 초승달 모양으로 잘라 1의 부추 위에 올려준다.
3. 분량의 장아찌물을 팔팔 끓여 한김 식힌 뒤 2에 붓고 그대로 식힌다.
4. 뚜껑을 덮고 일정도 숙성한 뒤 장아찌물만 따라내어 다시 끓여 식혀 부어준 뒤 바로 먹는다.

Tip : 부추장아찌는 물 말은 찬밥에 반찬으로 먹어도 좋고 고기 구이에 곁들여 먹으면 좋은데 삼겹살 구이와 먹으면 궁합이 아주 잘 맞다.

가지간장장아찌·가지벼락장아찌

가지는 흔하고 저렴한 식재료라 굳이 저장음식으로 만들 생각을 하지는 않지만 제철의 가지는 수분이 많고 단맛이 돌면서 과육도 부드러워 장아찌로 만들어 두면 입맛이 없을 때 요긴한 반찬이 됩니다.

가지 간장장아찌

재료
가지 4~5개

소금물
물 3컵, 굵은 소금 3큰술

장아찌물
간장 1½컵, 물 2컵, 설탕 3/4컵, 마른 고추 1개, 생강 슬라이스 3쪽, 마늘 슬라이스 2톨분

만들기
1. 가지는 잘 씻어 5센티미터 길이로 잘라 오이소박이처럼 칼집을 넣고 분량의 소금물에 담가 2시간 정도 절인다.
2. 1을 잘 씻어 물기를 꼭 짠 뒤 밀폐 용기에 담는다.
3. 분량의 장아찌물을 팔팔 끓여 식혀둔다.
4. 2에 3을 부어 일주일 정도 숙성한 뒤 다시 장아찌물만 따라내어 끓여 식혀 부어 한 달 정도 숙성시킨 뒤 먹는다.

가지 벼락장아찌

재료
가지 3개

무침양념
다진 마늘 1큰술, 다진 파 1작은술, 설탕 1큰술, 참기름 1작은술
통깨 1작은술, 생강즙 약간

장아찌물
간장 3/4컵, 물 1/2컵, 설탕 1/2컵, 청주 1/2컵

만들기
1. 가지는 잘 씻어 어슷하고 도톰하게 썬 뒤 소금물에 살짝 데친 뒤 채반이나 건조기에 널어 꾸덕하게 하룻밤 정도 말린다.
2. 1의 가지를 분량의 양념에 조물조물 무쳐 밀폐 용기에 담는다.
3. 장아찌물을 끓여 식혀 2에 부어 하룻밤 정도 숙성시킨 뒤 바로 먹는다.

Tip : 여름에 생육 속도가 빠르고 수분도 많아 금방 상해서 애호박이나 가지는 저렴하게 판매한다. 이럴 때 장아찌를 만들어 두면 좋다. 벼락장아찌는 벼락처럼 짧은 시간에 만들어서 붙인 이름으로 오래 숙성해야 하는 통가지장아찌에 비해 빠른 시간 안에 맛볼 수 있지만 가지를 말려야 하는 번거로움이 있다.

애호박된장박이

천 원 안팎이면 구입할 수 있는 저렴한 애호박을 굳이 말리고 절이기까지 할 필요가 있을까? 하는 생각은 애호박된장박이를 먹어보면 알게 될 거예요. 꼬들꼬들하게 말려 된장에 박아 둔 애호박된장박이로 된장찌개를 끓이면 그 맛에 매혹되고 말 거든요.

재료
애호박 2개, 굵은 소금 2~3큰술, 된장 2~3컵

만들기

1. 애호박은 잘 씻어 길게 반으로 자르고 갈라 소금을 뿌려 절인 뒤 씻어 채반에 널어 한나절 정도 말린다.

2. 된장 1컵을 덜어 애호박에 고루 버무린다.

3. 밀폐 용기에 2의 애호박을 담고 된장을 덮어 보름 정도 숙성시킨다.

Tip : 애호박을 꼬들꼬들하게 말렸기 때문에 거의 수분이 생기지 않지만 숙성 과정 중 물이 생긴다면 된장을 갈아주어야 한다. 된장을 닦아내고 얇게 썰어 다진 마늘, 참기름, 깨소금, 조청 약간을 넣고 버무려 먹거나 된장찌개를 끓이면 별미다.

참외된장박이

과일을 말리거나 장아찌를 담그면 먹는 것으로 장난친다고 남편은 우스갯소리를 하지요. 참외장아찌와 피클은 당도가 떨어지거나 노란 빛이 덜하면서 단단한 참외나 풋참외로 만들면 좋아요.

재료
참외 5개(중간 크기), 굵은 소금 5큰술, 된장 2컵, 조청 1/2컵

만들기

1. 참외는 깔 씻어 껍질을 대충 벗기고 씨를 긁어낸다.

2. 1의 참외에 소금을 뿌려 반나절 정도 절인다.

3. 2를 잘 씻어 채반에 널어 하루 정도 꾸들꾸들하게 말린다.

4. 된장과 조청을 고루 섞은 뒤 3을 넣고 버무려 밀폐 용기에 차곡차곡 담는다.
5. 된장을 갈아가며 한 달 정도 숙성시킨다.

Tip : 참외장아찌는 덜 익은 참외로 담그는 게 최상이지만 구하기 어려우므로 과육이 단단하고 맛이 덜 단 노란 참외로 담그면 된다. 숙성된 참외장아찌는 된장을 씻어내고 송송 썰어 참기름, 조청, 다진 마늘, 깨소금 등에 버무려 먹고 너무 짜면 찬물에 담가 짠맛을 우려낸다.

가을

일 년 중 가장 눈코 뜰 새 없이 바쁜 계절입니다. 과일도 채소도 풍성하고 풍요로운 시기입니다. "저요, 저요!" 자신을 다듬어 달라고 하니 살림하는 사람의 마음은 급하기도 하고 신나기도 하지요. 수들수들 말리고 바삭바삭 말리고 새콤하게 절이고 달달하게 절이고 짭짤하게 삭히고 매콤하게 삭혀도 쏟아지는 식재료에 냉장고는 숨이 막힌다고 헐떡이지만 장바구니에 넣어달라고 애원하는 가을걷이들을 외면할 수 없는 행복한 때입니다.

9월

여름과 가을이 겹치는 9월입니다. 불어오는 바람도 제법 선선합니다. 여름 끝물 포도를 잔뜩 사다가 포도잼을 만드는 것으로 가을이 시작됩니다. 만들어 두면 어느 새 없어지는 포도잼은 봄 딸기잼과 잼의 쌍두마차라고 할 수 있지요.

10월

오곡백과가 풍성한 계절입니다. 언제부턴가 날씨가 예전 같지 않아 10월에도 한여름 같을 때가 많습니다. 가을 볕에 이것 저것 말리다 보면 마음이 풍성해집니다. 단풍이 들기 시작하면 놀러가고 싶지만 가족들에게 맛있는 간식거리라도 만들어 주고픈 마음에 한 해 더 미루어봅니다.

11월

갈무리를 확실히 해야 겨울에 맛있는 나물을 먹을 수 있기에 무도 배추도 당근도 잘 말리고 장아찌도 담가 한가득 저장해 둡니다. 햇생강이 나오면 겨울 감기 대비해 생강시럽도 욕심껏 만들고 향이 가득한 못난이 모과도 차로 만들면서 빙그레 웃어봅니다.

홍고추 말리기

시골의 가을은 고추 말리기와 함께 시작됩니다. 긴 장마가 물러나면 차가 드문드문 다니는 시골의 아스팔트에는 누런 포대, 까만 포대 위에 빨간 고추가 발라당 드러누워 따가운 햇살을 받아 곱디고운 태양초가 되지요. 한 뼘 햇살이 그리운 도시에서는 고추를 실에 꿰어 바람이 잘 통하는 곳에서 말리는 것이 좋아요. 말린 고추는 김장을 하기에는 부족하지만 물에 살짝 불려 별미김치를 담그거나 톡톡 분질러 넣고 매운 찌개나 국을 끓일 때는 아주 요긴하지요.

재료
홍고추 적당량

만들기
1. 과육이 단단하고 꼭지가 싱싱한 홍고추를 잘 씻어 꼭지에 실을 묶는다.
2. 바람이 잘 통하는 햇볕에 열흘에서 보름 정도 바삭 말리면 태양초가 된다.

Tip : 고추를 말리는 동안 고추의 과육이 맞닿으면 곰팡이가 생기거나 하얗게 떠서 마르므로 최대한 붙지 않게 말리는 것이 좋다. 말린 홍고추의 씨를 털어내고 가위로 곱게 자르면 색깔이 고운 실고추가 된다. 과육이 살짝 물렀거나 싱싱하지 못한 고추는 반으로 갈라 말리면 곰팡이가 생기지 않고 잘 마르는데 통으로 말린 것보다는 풍미가 좋지 않다.

반불겅이고추 말리기

가을걷이 후 고추를 말리다 보면 서리가 내리고 고추가 단단해져서 더 이상 자라지 않아요. 이때 푸르딩딩하면서 붉은색이 들다 만 고추를 반불겅이(반만 붉은색이라 해서)라고 하는데 이 고추를 말려 두면 칼칼한 요리가 먹고 싶을 때 아주 요긴하게 사용할 수 있어요. 베트남 건고추나 페퍼론치노 같은 알싸한 매운 맛이 매력이지요.

재료
붉은색이 들다 만 꽈리고추나 청양고추 적당량

만들기
1. 반불겅이 고추는 잘 씻어 물기를 제거한다.
2. 채반에 널어 햇볕이 잘 들고 통풍이 잘 되는 곳에서 일주일 정도 바삭 말린다.

Tip : 반불겅이고추는 매콤한 맛이 좋아 맑은 국물 요리나 볶음 요리, 조림 요리에 넣으면 칼칼한 맛을 즐길 수 있다.

토란대 말리기

어린 시절에 들에서 놀다 비가 오면 밭에 있는 토란대나 연못 가까이에 있는 연잎을 툭툭 잘라 우산처럼 쓰고 집으로 냅다 뛰곤 했지요. 또르르 구르는 물방울이 어린 눈에도 어찌나 예쁜지……. 비 갠 다음 날엔 누가 토란 밭을 망쳐 놓았냐는 동네 어른들의 호통을 듣기도 했지만 어린 아이들에게 그것은 그저 재미난 놀잇감일 뿐이었지요. 토란줄기로 나물을 무치고 토란으로 국을 끓여 먹으면서 어른들의 맘을 이해하게 되었어요.

재료
토란대 적당량

만들기
1. 토란대는 이틀 정도 그늘에 두어 시들해지면 껍질을 벗긴다.
2. 1의 토란대를 10센티미터 길이로 자르고 굵은 것은 반으로 가른다.
3. 바람이 통하는 햇볕에 널어 3~4일 정도 말린다.

Tip : 가을에 굵은 토란대는 껍질 벗기기가 어렵지만 사온 그대로 그늘에 두어 어느 정도 수분이 빠지면 껍질 벗기기가 쉽다. 껍질을 벗긴 뒤 말리면 먹기에도 훨씬 부드럽다. 말린 토란대는 부드럽게 불려 끓는 물에 삶은 뒤 조리해야 아린맛도 없고 알레르기를 일으키지 않는다.

호박고지

동지 전에 호박을 먹으면 중풍에 걸리지 않는다는 말이 있습니다. 호박은 신진대사를 활발히 하고 막힌 것을 뚫는 성질이 있어 혈액순환을 좋게 하지요. 남는 밭둑에 씨를 던져 놓으면 별 품을 들이지 않아도 푸짐하게 자라는 단호박이나 늙은 호박은 겨울철 요긴한 비상식량이 되지요. 그냥 두어도 좋고 껍질을 벗겨 말리면 쫄깃하고 달아 떡이나 죽을 끓여 먹을 때 좋아요.

재료

단호박 4통 혹은 늙은호박 1통

만들기

1. 단호박이나 늙은호박은 잘 씻어 반으로 갈라 씨를 긁어낸다.
2. 껍질을 벗기고 도톰하고 길쭉하게 썬다.
3. 2를 바람이 잘 통하는 햇볕에 널어 4~5일 정도 꾸덕하게 말린다.

Tip : 단호박이나 늙은호박은 물기만 닿지 않으면 오래 보관할 수 있다. 하지만 자른 후 남은 것을 보관하기가 어려운데 이때 말려 두면 겨울철 떡이나 죽을 끓일 때 아주 요긴하게 쓸 수 있다.

표고버섯 말리기

한식에서 빠지지 않는 식재료가 말린 표고버섯인데 특유의 향이 있지요. 가을에 잘 자란 생 표고를 상자로 구입해 가을볕에 말리면 1년 버섯 걱정은 없어진답니다.

재료
표고버섯 적당량

만들기
1. 표고버섯은 솔을 이용해 털어낸 뒤 밑동의 흙 묻은 부분을 잘라낸다.
2. 표고버섯의 갓과 기둥을 분리한 뒤 갓은 그대로 말리고 기둥은 손으로 찢어 가닥을 나눈다.
3. 2를 바람이 잘 통하는 햇볕에 두어 3~4일 정도 바삭 말린다.

Tip : 버섯을 집에서 말리면 기둥 때문에 곰팡이가 피기 쉽다. 촉촉할 때 기둥을 떼어내면 말리기도 쉽고 떼어낸 기둥은 손으로 찢어 말린 뒤 조림이나 육수에 사용하면 좋다.

우엉 말리기

진주는 우엉이 유명해서 우엉으로 김치도 담그고 전도 부치고 갖가지 요리를 만듭니다. 우엉도 무처럼 오래 두면 바람이 들기 때문에 그 전에 말려두면 요긴한 비상 식재료가 되지요. 우엉은 너무 큰 것보다 50원짜리 동전 크기 만한 것이 달고 속도 실하게 차 있어 좋아요.

재료
우엉 여러 대

만들기
1. 우엉은 잘 씻어 껍질을 대충 벗기고 어슷하게 썰거나 도톰하게 채 썬다.
2. 1의 우엉을 그대로 채반에 널어 말린다.
3. 채 썰어 말린 우엉은 아무것도 두르지 않은 팬에 노릇하게 볶아 차로 우려 마신다.

Tip : 우엉을 부드럽게 불려 연근처럼 사용하거나 우엉차로 마시는데 우엉차는 덜 볶으면 초록색으로 변하기 시작한다. 이는 우엉의 효소 작용으로 건강에는 이상이 없으므로 안심하고 마셔도 괜찮다.

연근 말리기

동글동글 어여쁜 구멍을 가진 연근은 섬유질이 길게 이어져 냉장고에 오래 두고 보관하기에 적합하지 않은 식재료예요. 조금이라도 상한 곳이 있으면 섬유질을 따라 색이 꺼멓게 변하고 금방 상해 버리지요. 연근을 말려 두었다가 불려서 생연근처럼 사용하면 음식을 만들기에 편리하고 경제적이랍니다.

재료
연근 적당량

만들기
1. 연근은 잘 씻어 껍질째 동그랗게 썰거나 껍질을 벗기고 동그랗게 썬다.
2. 1의 연근을 채반에 널어 바람과 볕이 잘 드는 곳에서 4~5일 정도 말린다.

Tip : 연근은 영양밥을 지을 때 넣어도 좋고 살짝 불려서 조리거나 볶으면 연근 고유의 맛을 잘 살릴 수 있다. 기름에 살짝 튀긴 뒤 계핏가루를 조금 뿌려 연근칩으로 만들면 천연과자가 된다.

마 말리기

처음 예쁜 넝쿨식물이 '마'라는 것을 알고 깜짝 놀랐어요. 마의 생김처럼 잎이나 줄기도 못생겼을 거라 생각했는데 화장 지운 아가씨마냥 겉과 속이 완전 다르더라고요. 마트에서는 길게 뻗은 장마를 구입할 수 있고 말리는 법은 연근과 같아요.

재료
마 적당량

만들기
1. 마는 잘 씻어 껍질째 동그랗게 썰거나 껍질을 벗기고 동그랗게 썬다.
2. 마를 채반에 널어 바람과 볕이 잘 드는 곳에서 4~5일 정도 말린다.

Tip : 껍질 벗긴 마는 곱게 갈아서 가루로 사용하면 좋다. 마와 연근 같은 뿌리 식물에는 끈적한 뮤신이라는 성분이 있는데 이 뮤신이 소화 흡수를 돕고 강장작용을 하여 건강에 도움을 준다.

생강말리기·편강

생강 말리기

재료
생강 적당량

만들기
1. 생강은 새 수세미로 잘 씻어 얄팍하게 썬다.
2. 1을 채반에 널어 바람이 잘 통하는 햇볕에서 3~4일 정도 바삭 말린다.

편강

할머니는 '심심해'를 입에 달고 다니는 손녀에게 바지 주머니에서 편강이나 박하사탕을 꺼내 입에 넣어주시곤 하셨지요. 단맛만 쪼옥 빨아먹고 매운 생강을 할머니 몰래 버리면서 들킬까봐 가슴이 조마조마했어요. 시판용 편강처럼 예쁘지는 않지만 편강을 만들 때마다 할머니의 마법주머니 생각이 납니다.

재료
생강 1개(손바닥 크기 200g), 설탕 1/2컵(100g), 꿀 2~3큰술

만들기
1. 생강은 잘 씻어 껍질을 벗기고 얇게 썰어 찬물에 10분 정도 담근다.
2. 1을 팔팔 끓는 물에 5분 정도 데친다.
3. 2에 설탕과 꿀을 버무려 냄비에 담고 중불에 올려 설탕이 녹을 때까지 끓인다.
4. 설탕이 녹으면 약불로 줄이고 주걱으로 저어가며 졸인다.
5. 설탕 결정체가 생기면 불을 끄고 쟁반이나 채반에 널어 살짝 말린다.

Tip : 햇생강은 수분이 많고 껍질이 얇아 수세미로도 잘 벗겨진다. 말린 생강은 차를 끓이거나 육수를 만들 때 사용하면 좋고 갈아서 가루로 보관하면 요긴한 양념이 된다. 생강은 강불에서 졸이면 설탕이 코팅되기 전에 타버리므로 중약불에서 천천히 졸이고 생강을 살짝 데친 뒤 만들어야 쓴맛이 강하지 않다.

사과말랭이

아이를 키우는 엄마에게 아이들의 간식 만들기는 항상 빠지지 않는 일과지요. 특히 큰아이는 말린 과일을 좋아하는데 그중에서도 새콤달콤하게 말린 사과를 좋아해요. 사과를 씻어 말리고 있으면 남편은 생으로 먹어도 맛있고 양도 많지 않은데 왜 굳이 말려서 먹냐고 하지요. 아무리 그래도 딸아이와 저는 사과 말리기를 멈추지 않아요. 새콤달콤바삭한 말린 사과의 맛을 알게 되면 이 고단한 노동이 하나도 힘들지 않답니다.

재료
사과 적당량

만들기
1. 사과는 잘 씻어 동그랗게 썰어 씨를 제거하거나 도톰한 초승달 모양으로 썬다.
2. 1의 사과를 채반에 널어 바람이 잘 통하는 반그늘에서 2~3일 정도 바삭 말린다.

Tip : 초승달 모양의 사과오가리로는 사과약지를 만들 수 있다. 사과는 말리면서 수분이 증발하여 단맛이 증가하므로 달지 않거나 퍼석거리는 사과를 말리면 좋다.

무화과 말리기

남해에는 무화과나무가 동네 곳곳에 있었어요. 꼭 영감님 혹처럼 못생긴 열매가 점점 자라면서 끝이 툭하고 벌어지면 단내가 진동을 했지요. 좀 비싸지만 어린 시절의 맛이 그리워 사먹곤 하는데 무화과는 과육이 빨리 무르므로 먹다가 남으면 수분이 약간 남은 상태로 말려 두지요. 식감이 쫄깃쫄깃해 간식으로 최고지요.

재료
무화과 적당량

만들기
1. 무화과를 잘 씻어 반으로 가른다.
2. 바람이 잘 통하는 반그늘에서 3~4일 정도 꾸덕하게 말린다.

Tip : 무화과는 세척할 때 꼭지를 위로 향하게 하여 물이 과육 안으로 들어가지 않게 해야 향과 맛이 좋다. 수분이 있게 말린 무화과는 냉동 보관해야 하고 치즈에 곁들이거나 육포와 함께 먹어도 잘 어울린다.

당근칩

가을 당근은 수분이 많아서 금방 마르기 때문에 말려 두고 사용하면 더욱 좋아요. 약간 웃자라서 바람이 든 당근은 요리하면 식감이 좋지 않은데 꼬들꼬들하게 말려서 칩을 만들면 바람 든 당근인지 아무도 모른답니다.

재료
당근 적당량

만들기
1. 당근은 잘 씻어 껍질을 벗기고 필러로 길게 벗기거나 7밀리미터 두께로 동그랗게 썬다.
2. 1을 채반에 널어 바람이 잘 통하는 곳에서 2~3일 정도 말린다.

Tip : 말린 당근을 부드럽게 불린 뒤 꼭 짜서 조림이나 볶음에 넣으면 쫄깃쫄깃하고 맛도 좋다. 시력 보호와 면역력을 높이는 데 좋은 비타민 A의 전구체인 베타카로틴이 풍부하게 들어 있다. 당근의 영어 이름도 캐롯이다.

말린 모과

향은 좋지만 맛없는 과일이 모과예요. 두세 개만 바구니에 담아 놓아도 맛난 향이 온 집안에 퍼지지만 과육은 떫고 시고 딱딱하기가 꼭 나무 같아요. 그래서 어물전 망신은 꼴뚜기가 시키고 과일 망신은 모과가 시킨다는 속담도 있나 봅니다.

재료
모과 적당량

만들기
1. 모과는 잘 씻어 씨를 제거하고 도톰하게 부채꼴 모양으로 썬다.
2. 채반에 널어 바람이 잘 통하는 곳에서 3~4일 정도 바삭 말린다.

Tip : 모과는 딱딱하고 단단하며 연둣빛이 도는 것을 고르면 두 달 정도 보관이 가능하지만 무르고 노란 것을 구입하면 금세 까맣게 변하고 쉽게 물러서 사용할 수 없다. 연둣빛이 빠지면서 노랗게 변하면 말리거나 절여서 보관하는 것이 좋다.

감말랭이&곶감

주택으로 이사 와서 제일 먼저 사들인 나무가 감나무예요. 어린 시절 가을이면 엄마랑 아빠랑 주홍 감을 따 실에 꿰어 곶감을 만들던 추억을 우리 아이들에게도 알려주고 싶었지요. 그런데 대봉감이 열리는 나무라 우리 집 아이들은 감은 따서 홍시로 만들어 먹는 건가 보다 생각하지요. 그런 아이들을 위해 홍시용 감을 한 상자 구입해 손목이 시리도록 깎아 곶감을 만듭니다.

재료
단감이나 떫은감 적당량

만들기
1. 감은 잘 씻어 꼭지를 따고 껍질을 벗긴다.
2. 일부는 도톰하게 반달 모양으로 썰고 일부는 꼭지째 실에 걸거나 전용 도구에 건다.
3. 도톰하게 썬 것은 채반에 널어 2~3일 꾸덕꾸덕하게 말리고 곶감용은 공중에 널어 일주일 정도 말린다.

Tip : 떫은감일수록 말리면서 타닌 성분이 빠져 단맛이 강해지고 색은 검고 진해진다. 단감은 주황빛이 짙어지고 떫은감보다는 조금 더 꼬들꼬들하게 마른다.

밤 말리기

다람쥐가 환생을 했는지 밤이나 고구마 욕심은 저를 따라올 사람이 없습니다. 햇밤은 수분이 많아 벌레가 생기기 쉬우므로 실온에 두면 안 돼요. 먹을 만큼 먹고 건율을 만들어 밥 지을 때 올리거나 죽을 끓이면 단맛이 일품이지요.

재료
밤 적당량

만들기
1. 밤은 잘 씻어 채반에 널어 바람과 햇볕이 잘 통하는 곳에서 일주일 정도 바삭 말린다.
2. 1의 껍질을 벗기고 속껍질을 벗기면 말린 밤이 된다.

Tip : 지방에 따라 말린 밤을 건율, 황율, 밤쌀이라고 한다. 밤을 바삭 말려 안에서 밤톨이 굴러다닐 때 껍질을 까면 아주 잘 벗겨진다.

고구마빼데기·고구마말랭이

어린 시절, 겨울이 되면 고구마를 썰어 말려 놓은 것이 지천에 널려 있어 뛰어 놀다 손만 뻗어도 간식거리가 해결되곤 했어요. 고구마는 찬바람을 맞으면 쉽게 상하는데 넉넉하게 구입하였다가 말려 두면 오래 먹을 수 있어 좋아요.

고구마 빼데기

재료
고구마 적당량

만들기
1. 고구마는 잘 씻어 껍질과 눈을 제거하고 7밀리미터 두께로 썬다.
2. 채반에 널어 3~4일 바삭 말린다.

고구마 말랭이

재료
고구마 적당량

만들기
1. 고구마는 잘 씻어 껍질째 삶거나 굽는다.
2. 껍질을 벗기고 길쭉하고 도톰한 스틱 모양으로 잘라 채반에 널어 2~3일 꾸덕하게 말린다.

Tip : 고구마빼데기는 부드럽게 불려 죽을 끓이거나 밥을 지을 때 넣거나 조림 등을 만들 때 넣으면 요긴하게 쓸 수 있다.
고구마 말랭이는 수분이 많은 호박고구마나 물고구마가 적합하고 적당히 촉촉할 때 콩가루를 묻혀 먹으면 더욱 맛있다.

건삼&홍삼

인삼의 향과 약효가 가장 좋은 철은 가을이에요. 제철에 말린 건삼과 홍삼은 겨울철 차로 끓여 마셔도 좋고 선물로도 최고로 치지요.

재료

인삼 적당량

만들기

1. 인삼은 솔로 문질러 씻어 물기를 뺀다.
2. 인삼의 잔뿌리를 제거하고 채반에 널어 바람과 햇볕이 잘 드는 곳에서 말리는데 수분이 조금 빠졌을 때 살짝 둥글게 말아서 일주일 정도 말리면 건삼이 된다.
3. 1의 인삼을 전기 밥솥에 넣고 밤에는 보온으로 두고 낮에는 채반에 널어 햇볕에 말린다.
4. 3의 과정을 아홉 번 반복하면 홍삼이 된다.

Tip : 건삼이나 홍삼을 만드는 인삼은 4년근 미만의 알이 약간 굵은 것이 좋다. 가격이 부담된다면 잔뿌리가 손실되거나 4년근 미만의 것으로 선택하면 저렴한 가격에 구입할 수 있다.

무말랭이 & 무오가리 & 무시래기

흔히 무는 우거지, 배추는 시래기로 알고 있습니다. 우거지는 푸성귀를 다듬을 때 골라 놓은 겉대나 떡잎이에요. 김장이나 새우젓 등의 맨 위에 덮는 맛이 떨어지는 부분을 말하기도 해요. 시래기는 푸른 배추나 무청을 새끼 등으로 엮어 겨우내 말린 것을 말하지요.

재료
무청이 달린 무 적당량, 소금 약간

만들기
1. 무와 무청을 잘 씻어 무청이 달린 부분이 분리되지 않게 과육을 남기고 자른다.
2. 팔팔 끓는 소금물에 1의 무청을 넣고 데친 뒤 채반에 널어 바람이 잘 통하는 햇볕에 일주일 정도 바삭 말리면 무시래기가 된다.
3. 무의 길이를 살려 4~6등분하여 실에 꿰어 바람이 잘 통하는 햇볕에 3~4일 정도 말리면 긴 무오가리가 된다.
4. 무를 큼직큼직 세모 모양으로 썰어 채반에 널어 바람이 잘 통하는 햇볕에 3~4일 정도 말리면 짧은 무오가리가 된다.
5. 무를 사방 2센티미터 정도의 크기로 길이 7~8센티미터, 사방 1센티미터 정도의 크기로 길이 7~8센티미터로 각각 채를 썰고 채반에 널어 바람이 잘 통하는 햇볕에 말리면 무말랭이가 된다.

Tip : 무시래기는 종류에 따라 만드는 법이 조금씩 다른데 총각무나 초롱무는 섬유질을 벗겨내지 않아도 질기지 않고 큼직한 김장무(저장무)는 섬유질을 벗긴 뒤 데쳐서 말려야 부드럽다. 무오가리는 말리면서 단맛이 증가해 겨울철 무조림이나 찜요리에 넣으면 별미이다. 무가 맛이 없는 여름철에는 육수를 끓일 때 무오가리를 넣으면 훨씬 시원한 맛을 즐길 수 있다. 무채를 말릴 때 너무 자주 뒤집으면 곰팡이가 생긴다. 무채를 얇팍하게 썰어 말리면 오징어채처럼 말릴 수 있을 뿐 아니라 금방 불어 밑반찬으로 만들어 색다른 맛을 느낄 수 있다.

배추시래기

쓰레기와 비슷한 발음에 생긴 것도 볼품없는 시래기는 구수한 맛과 쫄깃한 질감이 생배추와는 다른 매력을 가지고 있지요. 김장철에 배추의 억센 겉잎을 떼어 만들 수도 있고 김장 배추를 뽑을 때 조금 덜 자란 배추를 통으로 말려서 만들기도 해요.

재료
배추 겉잎 적당량

만들기

1. 배추는 초록빛이 도는 겉잎으로 준비해 잘 씻어 끓는 물에 줄기부터 넣고 데친다.

2. 줄기가 부드러워지면 잎까지 마저 넣고 데친다.

3. 2의 물기를 제거하고 채반에 널거나 줄에 널어 바람이 잘 통하는 곳에서 3~4일 정도 말린다.

Tip : 마른 뒤 바로 걷어 들이지 말고 겨울바람에 얼말려 사용하면 끓였을 때 식감이 더욱 좋다.

포도잼

포도잼은 딸기잼과 쌍벽을 이룰 정도로 기본 잼이라 할 수 있지요. 추석 무렵이면 포도 가격이 많이 떨어지는데 이때 잼을 만들면 좋아요. 저장식은 햇과일로 만들어야 맛이 있지만 포도는 끝물 포도가 조금 더 달고 맛도 좋아요.

재료
청·적 포도알만 각각 1½송이(중간 크기 600g), 설탕 1컵(200g), 소금 약간

만들기
1. 포도는 잘 씻어 수분을 제거하고 알을 떼어낸다.
2. 바닥이 두꺼운 냄비에 담아 뚜껑을 덮고 중약불로 포도를 끓인다.
3. 15분 정도 후 포도가 물러지며 알맹이와 껍질이 분리되면 불을 끈다.
4. 체에 3을 걸러 과육과 즙을 내리고 씨와 껍질을 분리한다.
5. 4의 과육과 과즙, 설탕을 냄비에 담고 강불로 끓인다.
6. 끓어오르면 중불을 줄이고 가끔씩 저어가며 졸여준다.

Tip : 청포도와 적포도를 섞어서 만들거나 두 가지 포도를 따로 만들어도 좋다.

당근잼

별 걸 다 잼으로 만든다고 하겠지만 당근잼을 먹어보면 생각이 달라져요. 단맛이 절정인 가을 당근은 때로는 과일보다 훨씬 맛있고 상큼한 잼으로 변신해 요리를 즐겁게 해주지요.

재료

당근 1개(중간 크기 200g), 100% 오렌지주스 1컵, 설탕 2/5컵(80g), 레몬즙 1큰술

만들기

1. 당근을 잘 씻어 껍질을 벗기고 강판에 곱게 간다.
2. 1을 냄비에 담고 오렌지주스와 레몬즙, 설탕을 부어 강불로 끓인다.
3. 끓어오르면 중약불로 줄여 주걱으로 저어가며 되직하게 졸인다.
4. 따뜻할 때 소독된 병에 담고 뒤집어 식힌다.

Tip : 당근은 수분이 많지 않아 오렌지주스를 넣어 끓이는데 단맛이 강한 당근은 물을 부어 끓여도 좋다. 첨가물이 들어 있지 않은 오렌지주스를 사용하고 당근은 강판에 갈아야 씹히는 질감이 느껴진다.

사과잼·콩포트

사과는 품종에 따라 여러 가지 이름으로 불리는데 홍옥은 저장성이 떨어져 가을 초입에 잠깐 나왔다가 금방 없어지는 품종이지요. 새콤달콤한 맛이 좋아 잼으로 만들어 두면 풍미가 좋아요. 홍옥이 없다면 일반 사과로 만들어도 되는데 이때는 레몬즙을 2~3배 더 넣어 주는 것이 좋아요.

사과잼

재료

홍옥 과육 혹은 사과 과육 3개(중간 크기 500g), 설탕 1컵(200g0, 레몬즙 1큰술

만들기

1. 홍옥은 잘 씻어 껍질, 씨, 심을 제거하고 1센티미터 크기로 깍둑 썬다.
2. 1의 과육을 냄비에 담고 설탕과 레몬즙을 뿌려 설탕이 녹을 때까지 둔다.
3. 2를 중불로 끓여 과육이 말개지면 체에 밭친다.
4. 3의 과즙이 섞인 설탕물을 냄비에 다시 담고 사과 껍질을 넣고 사과 껍질의 숨이 죽을 때까지 중불에서 끓인다.
5. 사과 껍질을 걷어내고 3의 사과 과육을 다시 넣고 주걱으로 저어가며 중불로 끓인다.
6. 말개지고 되직해지면 불을 끄고 소독한 병에 바로 담아 뒤집어 식힌다.

사과 콩포트

재료

홍옥 혹은 사과 2개(400g), 설탕 3/4컵(150g), 화이트와인 2컵, 계피스틱 1조각

만들기

1. 사과는 잘 씻어 세로로 8등분하여 껍질과 씨 부분을 제거한다.
2. 냄비에 설탕과 화이트와인, 사과껍질을 넣고 강불로 끓여 설탕을 녹인다.
3. 2에 사과와 계피스틱을 넣고 약불로 사과가 말개지도록 국물을 끼얹어가며 끓인다.
4. 사과에 은은한 붉은색이 들면 불을 끄고 바로 병에 담고 뒤집어 식힌다.

Tip : 사과껍질을 끓여서 사용하면 붉은 사과잼을 만들 수 있다. 사과의 식감이 싫다면 갈아서 만든다. 사과콩포트는 아이스크림이나 핫케이크에 올려 먹으면 더욱 맛이 좋다. 홍옥이 아닐 경우에는 레몬즙을 2큰술 정도 넣는다.

포도식초·사과식초

포도청을 만들다 망쳐서 만들게 된 포도식초는 맛도 시고 부드럽지 않아 제대로 된 식초를 만들기 위해 여러 번 시도하여 결국 성공하게 되었지요. 단맛이 강한 포도는 설탕을 넣지 않고 만들어도 좋은 결과를 얻을 수 있어요.

일본 여행 중에 사과식초에 탄산수를 타서 마셔보고 그 맛에 반해 만들어 보았어요. 식초에 사과 향을 입힌 시판용과 달리 찌릿찌릿 목을 타고 넘어가면서 끝맛이 참 좋아요. 새콤달콤한 사과 향은 사이다보다 훨씬 매력적이에요.

포도식초

재료
포도알만 1½송이(중간 크기 600g), 설탕 1/4컵(60g)

만들기
1. 포도를 씻어 알알이 따서 물기를 제거한다.
2. 껍질째 으깬 포도에 설탕을 넣는다. 포도 무게의 10퍼센트 정도가 적당한 양이다.
3. 용기에 70퍼센트 정도만 담고 거즈로 뚜껑을 만들어 덮는다.
4. 3~4일은 하루에 1~2회 항아리를 흔들어 주고, 그 후에는 밀봉하여 발효가 잘 되도록 한다.
5. 4를 2~3개월 정도 발효시킨 뒤 자루에 담아 꼭 짠 다음 면포에 다시 거른다.
6. 소독한 유리병에 담아 80도에서 5분(또는 60~65도에서 30분)간 소독한 뒤 서늘한 장소에 두고 먹는다.

Tip : 포도식초는 더운 여름에는 발효가 되지 않고 상하기 쉬우므로 찬바람이 도는 초가을에 끝물 포도로 만드는 것이 좋다.

사과식초

재료
사과 과육만 6~7개(중간 크기 1kg), 레몬 1개, 설탕 2½컵(500g)
인스턴트 드라이 이스트 2작은술(5g) 베이킹소다 약간

만들기
1. 사과는 흠집이나 상처를 도려내고 잘 씻어 6등분하여 씨를 제거한다.
2. 레몬은 베이킹소다로 문질러 씻어 얇게 슬라이스 한다.
3. 1의 사과와 2의 레몬을 용기에 담고 윗부분에 설탕과 이스트를 뿌려 살살 흔들어 고루 섞이게 한 뒤 무거운 것으로 눌러 떠오르지 않게 한다.
4. 병의 입구를 거즈로 덮은 뒤 건냉한 곳에 두어 2개월 정도 숙성한다.
5. 면포에 액만 걸러 중불로 끓어오르기 전까지 끓인 뒤 냄비째 식힌다.
6. 식초 원액을 거즈에 한 번 걸러 깨끗한 병에 담아 냉장 보관하여 사용한다.

Tip : 사과식초를 만들 때 레몬을 첨가하면 레몬이 사과의 갈변을 막아 식초가 맑고 고운 색을 유지한다. 레몬은 즙을 내도 좋고 레몬 슬라이스를 사과 조각 사이사이에 넣어도 된다. 사과는 달고 과즙이 풍부한 홍옥, 단단하고 향이 좋은 부사 등 어느 종이나 다 사용할 수 있고 신선한 사과를 그대로 사용해도 좋지만 약간 흠집이 있거나 까만 점이 군데군데 있는 것도 좋다. 하지만 오래 둔 것은 과즙이 적어 발효가 잘 되지 않으니 주의해야 한다. 이스트를 빼고 설탕을 사과 과육의 1.5~2배 넣으면 사과 효소를 만들 수 있다.

사과석류잼

보석같이 예쁜 속살을 수줍게 톡 터뜨리는 새콤한 석류는 생각만 해도 입안에 침이 가득 돌게 하지요. 식물성 여성호르몬이 풍부해 갱년기 여성들에게 좋다고 알려져 있는데 민화에서도 다산이나 부부의 금슬을 상징하는 여성의 과일이에요.

재료
석류알만 2개(중간 크기 500g), 사과 과육만 1½개(중간 크기 200g)
설탕 2/3컵(150g), 레몬즙 1큰술

만들기
1. 석류는 알만 떼어 녹즙기나 주서기에 짜내 즙만 걸러낸다.
2. 사과는 잘 씻어 과육만 사방 1센티미터 크기로 잘라 설탕과 레몬즙에 버무려 설탕이 녹을 때 까지 그대로 둔다.
3. 1의 석류즙과 설탕에 버무린 사과를 냄비에 담고 강불로 끓인다.
4. 끓어오르면 중약불로 줄여 주걱으로 저어가며 되직한 농도로 졸인다.
5. 따뜻할 때 병에 담고 뒤집어 식힌다.

Tip : 석류를 통째로 졸여 잼을 만들면 씨 때문에 먹기가 번거롭다. 석류의 즙을 내고 사과를 넣어 씹히는 질감을 주면 맛있는 석류잼을 만들 수 있다.

포도청·생강꿀청

포도는 청으로 만들어 먹기가 여간 어려운 게 아니에요. 물이 조금 들어가거나 기온이 조금만 올라도 식초나 술이 되거든요. 그 때문에 다른 청과 달리 만들면서 의외의 수확을 얻기도 하지요. 새콤달콤한 포도청도 맛있지만 시큼한 포도식초나 알싸한 홈메이드 포도주도 색다른 별미가 되지요.

포도청

재료

포도알만 1½송이(중간 크기 600g), 설탕 3컵(600g), 올리고당 1/2컵(100g)

만들기

1. 포도는 잘 씻어 알만 떼어 설탕과 고루 버무려 밀폐 용기에 담는다.
2. 1에 올리고당을 부어 3개월 정도 숙성시킨다.
3. 과육은 버리고 청만 걸러 따로 보관한다.

생강꿀청

맵고 뜨거운 것을 마시면서 '아, 시원하다'라고 하는 어른들을 보면 아이들은 의아해 하지요. 목을 타고 넘어가는 그 짜릿한 시원함은 아이들은 알 수 없는, 어른들만 아는 느낌일 거예요. 목이 따끔따끔한 겨울, 생강청을 마시면서 '나도 이제 나이를 먹었구나' 생각하는 것은 비단 저뿐이 아니겠지요.

재료

햇생강 300g, 설탕 1½컵(300g), 꿀 1/4컵(50g)

만들기

1. 햇생강은 새 수세미로 문질러 씻어 얄팍하게 썬다.
2. 1을 설탕에 살살 버무려 소독된 병에 담는다.
3. 2 위에 꿀을 부어 2~3개월 숙성시킨 뒤 청만 걸러 따로 보관한다.

Tip : 포도는 품종과 크기, 색깔에 따라 다양한 청을 얻을 수 있다. 뜨겁고 매운 성질의 생강의 속살과 달리 생강껍질은 성질이 차갑기 때문에 청을 만들 때는 껍질을 벗기고 만드는 것이 좋다. 절인 생강은 푸드 푸로세서로 갈아 생강잼처럼 만들어 두면 고기양념이나 김치 양념을 만들 때 유용하다.

생강시럽

생강을 설탕이나 꿀에 절여도 매워서 바로 먹기란 쉽지 않아요. 하지만 햇생강의 과즙으로 시럽을 만들면 차로 마시거나 요리를 할 때 여러 모로 사용할 수 있어요.

재료

햇생강 2조각(손바닥 크기 500g), 계피스틱 2개, 설탕 1½컵(300g)

만들기

1. 생강은 수세미로 박박 문질러 씻어 주서기나 녹즙기로 갈아 즙만 걸러 낸다.
2. 걸러낸 생강즙을 가만히 두어 녹말을 가라앉힌다.
3. 조심스럽게 즙만 냄비에 담고 분량의 설탕과 계피스틱을 넣고 강불로 끓인다.
4. 끓어오르면 중불로 줄이고 주걱으로 저어가며 약간 되직하게 졸인 뒤 불을 끈다.
5. 소독된 병에 넣고 뚜껑을 덮어 뒤집어서 식힌다.

Tip : 햇생강은 수분이 많아 500그램을 갈면 450그램 정도의 생강물을 얻을 수 있다. 생강은 앙금을 가라앉힌 뒤 사용해야 시럽이 진하고 맛이 있다. 앙금이 들어가면 텁텁하고 농도가 빨리 나서 시럽으로 졸이기가 힘들다. 생강 껍질이 두꺼워지면 수분량이 줄고 매운맛이 진해 시럽을 만들기보다 청을 만들거나 말리는 것이 더 효율적이다.

단호박생강잼

단호박을 갈아서 페이스트로 만들기도 하고 말리기도 했는데 처치 곤란해서 잼을 만들었더니 그야말로 유레카였어요. 바삭한 토스트에 단호박잼을 발라먹으면 가래떡에 조청 찍어 먹는 맛 같아요. 단호박과 설탕의 찬 성질을 보완하느라 생강을 조금 넣었더니 아이들도 어른들도 모두 좋아해요.

재료
단호박 혹은 늙은호박 과육만 3컵 정도(깍둑 썬 과육 500g), 생강 1/4쪽, 물 1컵, 설탕 1컵(200g), 소금 약간

만들기
1. 단호박은 씨와 껍질을 제거하고 도톰하게 깍둑 썰고 생강은 껍질을 벗겨 곱게 다진다.
2. 바닥이 두꺼운 냄비에 호박과 생강, 물을 넣고 중약불로 뭉근하게 익을 때까지 익힌다.
3. 호박이 익으면 숟가락으로 부드럽게 으깬다.
4. 으깨진 호박 생강 퓌레에 설탕과 소금을 넣고 중불에서 끓인다.
5. 끓어오르면 약불로 줄이고 농도가 생길 때까지 가끔씩 저어가며 졸인다.
6. 따뜻할 때 소독한 병에 담고 뒤집어 식힌다.

Tip : 호박은 익으면 저절로 뭉개지므로 갈지 않고 으깨면 입자가 약간 씹히는 잼이 된다. 부드러운 질감을 원한다면 갈아서 사용한다. 호박잼은 떡이나 한과와 잘 어울리는 맛으로 따뜻한 물에 타면 구수한 호박차가 된다. 호박이나 밤, 고구마 같은 단맛이 도는 재료에 소금을 약간 넣으면 단맛이 증가되는 효과가 있고 설탕만 넣어서 맛이 부족하게 느껴진다면 소금을 약간 넣는다.

생대추잼

대추를 보고도 안 먹으면 늙는다는 말이 있지요. 대추에는 비타민과 무기질이 풍부하게 들어 있어 항노화, 항산화 작용을 하기 때문이에요. 쪼글쪼글 말린 대추로 잼을 만들어도 맛이 있지만 생대추로 만들면 더욱 부드럽고 맛이 좋아요.

재료
대추 5컵(500g, 45~50개)
설탕 1컵(200g)
레몬즙 2큰술

만들기
1. 생대추는 잘 씻어 씨와 분리한 후 과육을 저며 냄비에 담는다.
2. 1에 설탕과 레몬즙을 뿌려 설탕이 녹을 정도로 둔다.
3. 2를 중불로 끓여 대추가 무르면 체에 밭쳐 주걱으로 내린다.
4. 3을 냄비에 다시 담고 주걱으로 저어가며 약불로 졸여 되직한 농도가 되면 불을 끄고 소독한 병에 바로 담아 뒤집어 식힌다.

Tip : 생대추는 씨를 발라내고 조리하는 것이 훨씬 간편하다. 대추는 열을 가하면 껍질이 질겨지므로 체에 밭쳐 껍질을 적당히 걸러주는 것이 좋다.

호박계피청·오미자청

꼬들꼬들하게 절인 호박은 꼭 단감 같아요. 늙은호박이나 단호박은 말리거나 청으로 만들어 두면 좋은데 호박을 말리면 독특한 냄새 때문에 호불호가 갈리지요. 청은 냄새가 없고 식감이 쫄깃해요.

호박 계피청

재료

단호박 혹은 늙은호박 과육만 3컵(과육만 깍둑 썰어 500g), 계핏가루 1큰술
설탕 2½컵(500g), 올리고당 2/3컵(150g 정도)

만들기

1. 단호박이나 늙은호박은 씨를 제거하고 껍질을 대충 깍둑 썰어 과육만 네모 모양으로 도톰하게 썬다.
2. 1과 계핏가루, 설탕을 고루 섞어 밀폐 용기에 담고 과육이 떠오르지 않게 올리고당을 부어준다.
3. 3개월 정도 숙성시킨다.

오미자청

시고 쓰고 맵고 짜고 달고, 다섯 가지의 맛을 가진 오미자는 예쁜 보석처럼 생겼지만 생으로 먹기는 힘들지요. 찬바람이 돌면 백화점이나 마트, 인터넷 몰에서 손쉽게 구입할 수 있어요. 쉽게 물러서 설탕에 버무리거나 얼려서 보내주는 곳도 있으니 기호에 맞게 선택하는 것이 좋아요.

재료

생오미자 3컵(600g), 설탕 3컵(600g), 올리고당 1/2컵(100g)

만들기

1. 생오미자는 살살 흔들어 씻어 물기를 제거하고 설탕과 켜켜이 섞어 밀폐 용기에 담는다.
2. 1에 올리고당을 부어 3개월 정도 숙성시킨다.
3. 과육은 버리고 청만 걸러 따로 보관한다.

Tip : 호박을 청으로 만들면 소화력이 약한 사람들은 더부룩하다고 하는데 그 이유는 호박과 설탕의 성질이 차기 때문이다. 호박청을 만들 때 계핏가루를 넣으면 찬 성질이 중화되어 속이 편하고 풍미도 좋아진다. 과육은 잘게 다져 머핀이나 파운드, 떡이나 케이크 등을 만들 수 있는데 호박죽을 끓여도 좋다.
오미자는 알이 쉽게 물러 볼에 물을 담아 놓고 살살 흔들어 씻어 건지는 것이 좋다. 단단하고 색이 덜 든 것보다는 붉은색이 진하고 부드럽게 익은 것이 청을 담갔을 때 맛도 좋다.

무화과잼·콩포트

잼은 주로 빵에 발라먹는데 제철의 과일을 설탕절임 해두었다가 소스나 양념으로 사용하면 더욱 맛이 좋지요. 특히 무화과잼은 고기 요리에 설탕처럼 넣으면 좋은데 피신이라는 단백질 분해 효소가 풍부해 육류의 소화에도 효과가 있기 때문이지요.

무화과잼

재료
무화과 7~8개(중간 크기 500g), 설탕 1컵(200g), 레몬즙 2큰술

만들기
1. 무화과를 잘 씻어 꼭지를 잘라내고 4~6등분하여 냄비에 넣고 레몬즙을 뿌린다.
2. 1에 설탕을 넣고 살살 저어 가만히 두어 설탕을 녹인다.
3. 설탕이 녹으면 중불로 끓여 주걱으로 저어가며 과육이 무르도록 끓인다.
4. 농도가 생기면 불을 끄고 소독한 병에 바로 담고 뚜껑을 닫고 병을 세워 식힌다.

무화과 콩포트

재료
무화과 4~5개(300g), 레몬 1/4개

시럽
적포도주 1컵, 물 1/2컵, 설탕 100g(1/2컵)
올리고당 50g(1/4컵), 정향 2개

만들기
1. 분량의 시럽을 냄비에 담고 중불로 끓여 설탕을 녹인다.
2. 설탕이 녹으면 무화과를 넣고 약불로 무화과가 말갛게 익도록 12~13분 끓인다.
3. 냄비째 그대로 식힌 뒤 소독한 유리병에 담는다.

Tip : 무화과는 과육이 잘 물러 큼직하게 썰어 넣어도 부드러운 잼을 만들 수 있다. 병을 뒤집지 않고 열탕 소독을 하면 보관 기간을 1년으로 늘릴 수 있다.

배잼·콩포트

호리병처럼 생긴 서양 배는 우리나라 배보다 단맛도 덜하고 질감도 단단해 잼이나 콩포트를 만들어 먹어요. 우리나라 배는 달고 시원해 잼이나 콩포트를 만드는 것보다는 그냥 먹는 게 더 맛있지만 단맛이 덜한 배를 잼이나 콩포트로 만들어 두면 이국적인 맛을 즐길 수 있어요.

배잼

재료
배 과육만 1개(500g), 설탕 1컵(200g), 레몬즙 2큰술

만들기
1. 배는 잘 씻어 껍질을 벗기고 곱게 채 썬다.
2. 1을 냄비에 담고 설탕과 레몬즙을 뿌려 버무려 그대로 둔다.
3. 설탕이 녹으면 강불로 끓인다.
4. 끓어오르면 중약불로 줄여 주걱으로 저어가며 배가 부드럽게 무르도록 조린다.
5. 뜨거울 때 바로 소독한 병에 담고 뒤집어 식힌다.

배콩포트

재료
배 과육만 2/3개(300g), 설탕 2/3컵(150g), 화이트와인 2컵
레몬 슬라이스 4쪽, 계피스틱 약간

만들기
1. 배는 잘 씻어 껍질을 벗기고 씨를 제거한 후 과육만 큼직하게 썰어 작은 꽃모양 틀로 찍는다.
2. 냄비에 설탕과 화이트와인을 넣고 설탕이 녹을 때까지 끓인다.
3. 설탕이 녹으면 1의 배와 레몬 슬라이스, 계피스틱을 넣고 중약불로 15분 정도 끓인다.
4. 배가 말개지면 불을 끄고 바로 소독한 병에 담고 뒤집어 식힌다.

Tip : 배를 곱게 채 썰어 사용하면 잼을 만들고 나서 약간 씹히는 질감이 있다. 배잼은 연육작용이 탁월해 고기 요리를 할 때 설탕처럼 단맛을 내기 위해 사용하면 좋고 향이 좋아 샐러드 드레싱을 만들 때 넣어도 된다.
배콩포트를 만들 때 레드 와인을 사용하면 자줏빛 배콩포트를 만들 수 있다. 배콩포트는 아이스크림이나 팬케이크, 와플에 곁들이거나 샐러드나 요거트에도 어울린다.

모과청&모과잼·배청·석류청

모과청을 거른 뒤 절인 모과를 먹어보고 버리기엔 아까울 정도라 푸드프로세서에 넣고 곱게 갈아 졸였더니 색다른 잼이 되었어요. 모과청을 만들면 두 가지의 저장음식이 자동으로 만들어져 더욱 뿌듯하지요.

자연에서 나는 많은 것으로 효소나 청을 만들 수 있지만 결과물이 좋으려면 제철의 건강한 재료로 만드는 것이 가장 좋아요. 배로 청을 만들 때는 약간 단단한 것을 사용하세요.

석류는 여성에게 좋다고 하지요. 까먹기는 번거롭지만 청으로 만들면 언제든 간편하게 먹을 수 있습니다.

모과청 & 모과잼

재료

모과 1kg, 설탕 1.2kg, 베이킹소다 약간

만들기

1. 모과는 베이킹소다로 잘 문질러 씻어 길게 4등분하여 씨를 빼고 얄팍하게 썬다.
2. 1의 모과에 설탕의 2/3를 버무려 병에 담고 나머지 설탕을 부어 2~3개월 정도 숙성한다.
3. 청만 걸러 냉장 보관하고 과육은 갈아서 냄비에 담고 졸여 잼을 만든다.

배청

재료

배 과육만 1½개(중간 크기 600g), 꿀 600g

만들기

1. 배는 잘 씻어 껍질을 벗겨 초승달 모양으로 자른다.
2. 1을 밀폐 용기에 꾹꾹 눌러 담는다.
3. 2에 꿀을 부어 3개월 정도 숙성시킨 뒤 면포에 걸러 청만 보관한다.

석류청

재료

석류알만 2개 정도(중간 크기 500g), 설탕 2½컵(500g), 올리고당 1/2컵(100g)

만들기

1. 석류는 알만 까서 잘 씻어 체에 밭쳐 물기를 뺀다.
2. 소독된 병에 석류알과 설탕의 2/3를 버무려 넣고 올리고당을 붓고 나머지 설탕을 덮어준다.
3. 2~3개월 정도 숙성한 뒤 청만 걸러 냉장 보관한다.

Tip : 모과의 과육이 단단하므로 과육을 갈 때는 곱게 갈아야 잼의 식감이 부드러워진다.
유기농 배라면 껍질까지 숙성하는 것이 좋다. 배를 오래 담가두면 떠올라 곰팡이가 생길 수 있으니 숙성이 끝나면 바로 걸러 보관해야 한다.
석류청은 색깔이 고와 차나 음료 이외에도 떡이나 제과제빵에도 사용된다. 천연색이라 시간이 지날수록 살짝 옅어지므로 냉장고에 넣어 두면 조금 더 오래 보관할 수 있다.

밤잼·콩포트

밤은 프랑스어로 마롱(marron)이라고 해요. 외국에서는 밤잼이라고 하지 않고 마롱페이스트라고 하지요. 달콤하고 부드러운 밤잼의 맛에 늘어나는 허리 벨트를 단단히 잡아 매셔야 해요.

밤콩포트는 마롱글라세(marron glace)라고 부르는 프랑스 절임 식품과 비슷해요. 마롱글라세는 밤을 달콤한 시럽에 담가 바닐라와 브랜디 향을 입힌 고급 과자로 한입 그대로 먹거나 잘게 다져 아이스크림이나 빵 위에 뿌려 먹기도 하고 갈아서 몽블랑 같은 디저트를 만들 때 쓰기도 해요.

밤잼

재료
밤 3컵(600g, 24~26개), 물 1½컵, 설탕 2/3컵(150g), 소금 약간

만들기
1. 밤을 잘 씻어 밤이 1/3정도 잠길 만큼 물을 붓고 삶아 껍질을 벗겨 과육만 준비한다.
2. 냄비에 1의 밤과 물, 설탕을 넣고 중약불로 윤기나게 졸인다.
3. 한김 식으면 푸드프로세서에 갈아 냄비에 담고 우르르 끓여 소독한 병에 담는다.

밤콩포트

재료
밤 3컵(600g, 24~26개), 설탕 1컵(200g), 물 2컵, 소금 약간

만들기
1. 밤은 잘 씻어 뜨거운 물을 부어 물이 식을 때까지 둔다.
2. 1의 밤의 겉껍질과 속껍질을 벗긴다.
3. 설탕과 물을 냄비에 담고 설탕이 녹을 정도로 끓인다.
4. 3에 2의 밤을 넣고 중약불로 20분 정도 조린 뒤 소금을 넣고 불을 끈다.
5. 4를 바로 소독한 병에 담고 뒤집어 식힌다.

Tip : 밤을 삶아서 조리해야 지나칠 정도로 검게 변하는 것을 막을 수 있다. 밤잼은 냉동시켜도 맛이 잘 변하지 않는다.
밤에 뜨거운 물을 부으면 껍질을 벗기기가 쉽다. 시럽에 바닐라 빈이나 브랜디를 조금 넣으면 미롱 글라세와 아주 흡사한 맛을 낼 수 있다.

고구마잼

고구마로 잼을 만들면 집안이 온통 군고구마 냄새로 진동하여 가족들을 유혹하지요. 찬바람이 불기 시작하면 고구마가 쉽게 상해요. 상하기 전에 잼을 만들면 몇 개 만으로도 넉넉한 양을 만들 수 있어요.

재료

고구마 2개(중간 크기 300g), 건포도 2큰술
설탕 1/2컵(100g), 올리고당 1/4컵(50g)

만들기

1. 고구마는 껍질을 벗기고 사방 1센티미터 크기로 잘라 찬물에 담가 녹말성분을 제거하고 체에 밭친다.
2. 건포도는 흐르는 물에 씻어 그대로 두어 부드럽게 불린다.
3. 1의 고구마에 고구마가 잠길 정도의 물을 부어 고구마가 익을 때까지 끓인다.
4. 3의 고구마와 건포도를 냄비에 담고 설탕과 올리고당을 부어 강불로 끓인다.
5. 끓어오르면 중약불로 줄이고 주걱으로 저어가며 되직하게 졸인다.
6. 따뜻할 때 소독된 병에 담고 뒤집어 식힌다.

Tip : 고구마가 부드럽게 으깨지면서 잼의 형태가 되는데 녹말성분으로 인해 타기 쉬우므로 부지런히 주걱으로 살살 저어가며 졸여야 바닥에 눌어붙지 않는다.

고구마조청

설탕이나 물엿을 쉽게 구할 수 있는 요즘과 달리 예전에는 가을에 조청을 고았다가 단지에 넣고 단맛이 필요할 때 아껴서 넣었지요. 가래떡을 석쇠에 올려 노릇노릇 구워 찍어 먹던 겨울밤 조청의 맛은 그야말로 꿀맛이지요.

재료

고구마 2개(300g), 찹쌀 2컵(300g), 생강 1/4쪽(50g), 엿기름 2컵(200g)
물 20컵, 밥물 약간

만들기

1. 엿기름은 물과 섞어둔다.
2. 고구마는 잘 씻어 껍질을 대충 벗기고 큼직하게 깍둑 썬다.
3. 찹쌀은 잘 씻어 1의 고구마를 섞어 물을 약간 모자라게 잡아 고두밥을 짓는다.
4. 3을 큰 볼에 담고 엿기름과 섞은 물을 부어 고루 섞는다.
5. 4를 보온으로 7~8시간 삭힌다.
6. 면보자기나 거름망에 5의 물만 걸러내어 냄비에 담고 중약불로 저어가며 되직하게 졸인다.
7. 깨끗하게 소독된 병에 담는다.

Tip : 늙은호박도 같은 방법으로 조청을 만들 수 있고 늙은호박과 단호박을 섞어서 만들어도 괜찮다. 조청을 조리는 과정에서 농도가 너무 되직하면 식은 다음 딱딱하게 굳으므로 농도 조절에 주의해야 한다.

땅콩잼

처음 요리를 배울 때는 무엇이든 만들어 먹는 것에 재미를 느꼈어요. 땅콩잼도 그중 하나인데 부드럽고 고소한 땅콩잼을 직접 만들 수 있다는 게 즐거워서 많이 만들어 곁내가 나기도 하고 땅콩을 볶다가 태워 쓴맛의 땅콩잼을 만들기도 했지요. 물론 시판 땅콩버터나 잼이 훨씬 저렴하지만 한 번 만들어 보면 신선한 고소미에 푹 빠져서 헤어나오지 못해요.

재료
깐땅콩 3컵(150g), 현미유 2~3큰술, 꿀 3큰술, 소금 1/2작은술

만들기
1. 달군 팬에 껍질 벗긴 땅콩을 넣고 갈색이 날 때까지 볶는다.
2. 2의 땅콩을 분쇄기나 푸드프로세서에 넣고 기름이 나올 때까지 간다.
3. 현미유를 조금씩 넣어가며 부드럽게 간다.
4. 꿀과 소금을 넣고 간을 맞춘 후 냉장 보관한다.

Tip : 땅콩은 색이 나기 시작하면 금방 타버리므로 중불에서 주의하며 볶아야 한다.

감식초

마당 앞 감나무에서 딴 감은 떫어서 바로 먹을 수가 없었어요. 친정 엄마는 짚을 깐 항아리에 떫은감을 켜켜이 담거나 소금물에 삭혀 달콤하게 만들어 주셨는데 깜박하고 꺼내지 못한 감은 너무 시어서 감식초를 만드는 재료로 쓰이곤 했어요. 부뚜막에는 옹기나 백자로 만든 요상한 모양의 초항아리가 있어 막걸리나 과일로 만든 순한 식초들이 들어 있었지요.

재료
홍시 10개

만들기

1. 홍시는 잘 씻어 물기를 제거하고 꼭지를 딴다.
2. 1의 홍시를 살짝 으깨어 밀폐 용기에 켜켜이 담는다.
3. 6개월 정도 그대로 두어 숙성한다.
4. 면포에 물만 걸러 소독된 병에 담아 보관한다.

Tip : 홈메이드로 식초를 만들 때는 자주 만지거나 온도를 급격히 변화시키지 않고 가만히 두어야 한다. 서늘하고 건냉하면서 너무 밝지 않은 곳에 초항아리를 두어 발효가 잘 되게 해야 한다.

연근청·마청

채소로 청을 만들 때는 손질에 주의해야 합니다. 특히 연근은 구멍 사이사이에 물이나 흙이 남아있을 수 있으니 깨끗이 손질해야 발효 중 곰팡이가 피거나 쉬지 않지요.

마는 당뇨와 치매, 소화 장애, 변비와 비만 등의 치료와 개선에 효과가 있는 건강식품이지만 맛있게 먹기는 쉽지 않죠. 수분이 많아 저장하기도 쉽지 않아 말리거나 절여두면 오래도록 제철 마의 풍미를 느낄 수가 있어요.

연근청

재료

연근 2½개(중간 크기 500g), 설탕 2½컵(500g), 올리고당 1/2컵(100g)

만들기

1. 연근은 잘 씻어 물기를 닦아내고 동그란 모양을 살려 도톰하게 썬다.
2. 1의 연근을 2/3 분량의 설탕에 버무려 밀폐 용기에 담는다.
3. 2에 올리고당을 붓고 나머지 설탕을 부어 떠오르지 않게 돌봐주며 3개월 정도 숙성한 뒤 청만 걸러 보관한다.

마청

재료

마 6~8개(둥근 마 1kg), 설탕 1kg, 올리고당 1½컵(300g)

만들기

1. 마는 껍질을 솔로 문질러 씻어 도톰하게 썬다.
2. 1의 마를 2/3 분량의 설탕에 버무려 밀폐 용기에 담는다.
3. 2에 올리고당을 붓고 나머지 설탕을 부어 떠오르지 않게 돌봐주며 3개월 정도 숙성한 뒤 청만 걸러 보관한다.

Tip : 연근청에서 건져낸 연근으로 장아찌를 담가도 맛이 있는데 장아찌를 담글 계획이라면 껍질을 깨끗이 벗겨서 사용해야 한다.

절인 과육을 요거트나 과일과 갈아 먹을 목적이라면 마의 껍질을 벗긴 뒤 만든다. 마는 감자처럼 울퉁불퉁한 둥근 마와 우엉처럼 긴 장마가 있는데 제철의 마는 어떤 종류를 사용해도 상관이 없다.

무꿀청·인삼대추꿀절임

소망하던 주택에서 살게 되었지만 주택살이가 그리 녹녹하진 않아요. 특히 찬바람이 돌기 시작하면 할 일이 참 많습니다. 여러 가지 재료로 절임이나 청을 만드는 것도 그중 하나인데 아파트보다 덜 따뜻한 주택에서는 따뜻한 차 한 잔이 체온을 높여주고 감기 예방에 얼마나 좋은지 알게 되면 바쁜 손을 놀릴 수밖에 없답니다.

무꿀청

재료

무 1개(중간 크기), 레몬 1개, 베이킹소다 약간, 꿀 4컵(약 1kg)

만들기

1. 무는 잘 씻어 껍질째 얄팍하고 동그랗게 썬다.
2. 레몬은 베이킹소다로 잘 문질러 씻어 껍질만 필러로 벗겨내고 즙은 짜낸다.
3. 병에 무와 레몬 껍질, 레몬즙을 층층이 넣고 꿀을 부어 무가 완전히 잠기게 한다.
4. 일주일 정도 숙성한 뒤 시럽만 걸러 따뜻한 물에 타 먹는다.

인삼대추 꿀절임

몸에 좋다는 이유로 사와서 쓴맛에 묵히게 되는 가을 식재료가 바로 인삼이에요. 수분이 많은 햇인삼은 송송 썰어 제철 단짝인 생대추와 꿀에 재워두면 겨울철 가족의 보약이 따로 없지요.

재료

인삼 1줌 반(300g, 10~12대), 생대추 2컵(200g), 꿀 3컵(700g)

만들기

1. 인삼은 솔로 문질러 잘 씻어 뇌두를 제거하고 굵직하게 다진다.
2. 생대추는 잘 씻어 씨를 빼고 굵직하게 다진다.
3. 1과 2를 섞어 병에 담고 꿀을 부어 2~3개월 숙성한다.

Tip : 무는 속병을 고칠 만큼 소화 효소도 풍부하지만 천연면역제인 비타민 C도 풍부해 그야말로 가을겨울 효자 식재료다. 과육보다 껍질에 비타민이 풍부하므로 껍질은 솔로 박박 문질러 씻어서 다 먹는 것이 좋다. 무절임은 수분이 많이 나와 쉽게 상하므로 무의 수분이 다 빠지면 체에 걸러 청만 따로 서늘한 곳에 보관하였다가 쓰는 것이 좋다.
인삼대추꿀절임의 시럽은 따뜻한 물에 타 먹거나 요리에 사용하고 절인 과육은 떡을 만들거나 베이킹을 할 때 사용한다.

유자청·유자주머니

때를 놓치면 일 년을 기다려야 하는 작업이 매실청과 유자청 만들기입니다. 찬바람이 솔솔 불면 과일 코너를 기웃거리며 유자를 찾지요. 유자주머니는 만들어서 선물도 하고 차로 끓여 먹는 저장음식이에요. 만들기가 쉽지 않은데도 실로 동여 맨 예쁜 유자 주머니를 보면 겨울마다 유자 속을 파내게 됩니다.

유자청

재료

유자 22~25개(3kg), 설탕 3kg, 올리고당 2½컵(500g), 베이킹소다 약간

만들기

1. 유자는 베이킹소다로 잘 문질러 씻은 후 초승달 모양으로 자른다.
2. 씨를 빼고 과육과 껍질을 곱게 채 썬다.
3. 2의 과육에 설탕의 2/3를 버무려 병에 담고 나머지 설탕과 올리고당을 부어 2~3개월 정도 숙성한다.
4. 그대로 두거나 청과 건지를 분리해 냉장 보관한다.

유자주머니

재료

유자 30개(작은 크기 3kg), 배 1개, 사과 1개, 대추 10알, 설탕 1컵, 명주실 약간

만들기

1. 유자는 잘 씻어 물기를 빼고 완전히 벗겨지지 않도록 4~6쪽으로 나누어 과육과 껍질을 분리한다.
2. 과육의 씨를 제거하고 굵직하게 채 썰고 배, 사과, 대추는 잘 씻어 씨를 빼고 곱게 채 썬다.
3. 2를 1속에 동그랗게 뭉쳐 채워 넣고 명주실로 고정한다.
4. 3을 병에 채워 넣고 끓여 식힌 시럽을 붓고 설탕을 덮어 1~2개월 정도 숙성시킨다.

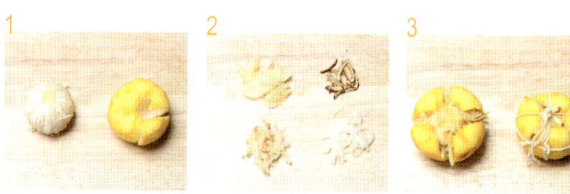

Tip : 유차청은 펙틴질이 나와 끈적끈적해져서 건지와 청을 그대로 함께 차로 마시거나 청만 따라내고 건지와 청을 따로 사용할 수도 있다. 수분감이 없어 올리고당을 넣어주면 더 빨리 맑은 청이 생긴다. 유자청은 차, 제과제빵, 샐러드나 무침의 단맛을 내는 조미료로 사용한다.
유자주머니용 유자는 크기가 작을수록 좋다. 시럽을 만들어 붓기 때문에 날씨가 따뜻해지면 보글보글 끓어오르므로 정월대보름 전에 다 먹는 것이 좋고 선물을 할 때는 유자주머니와 시럽을 병에 담고 '언제쯤 드세요'라고 짧은 메모를 동봉하면 받는 분도 좋아한다.

햇생강피클

일식집에서 나오는 생강피클을 베니쇼우가라고 해요. 생강색이거나 식용색소를 이용해 붉게 물들이기도 하지요. 햇생강이 나올 때 넉넉히 만들어 두면 생선 요리나 느끼한 요리를 상에 낼 때 깔끔하게 곁들일 수 있어 좋아요.

재료
햇생강 1조각(손바닥 크기 300g)

피클물
식초 1컵, 설탕 1/2컵, 굵은 소금 1큰술, 레몬 슬라이스 1/2개, 월계수잎 1개

만들기
1. 햇생강은 새 수세미로 문질러 씻어 채칼로 얇게 썬다.
2. 1의 생강을 찬물에 10분 정도 담가 녹말기를 제거한다.
3. 2를 팔팔 끓는 물에 5분 정도 데쳐 재빨리 헹군 뒤 수분을 제거한다.
4. 분량의 피클물을 팔팔 끓여 식힌 다음 3에 부어 뚜껑을 덮어 냉장고에 넣어 두고 일주일 정도 숙성한 뒤 먹는다.

Tip : 생강을 끓는 물에 데쳐 녹말 성분을 제거해야 깔끔한 맛이 난다.

삼색무피클

피클무와 치킨무를 동격으로 생각하는 분들이 많아요. 하지만 달콤하고 단단한 가을 무로 만든 예쁜 색깔의 무피클은 초스피드로 숙성시킨 치킨무와는 태생부터 다르답니다.

재료
백피클-무 1개(중간 크기), 레몬 1/2개
홍피클-무 1개(중간 크기), 중간 크기 비트 1개
레몬 1/2개
노란피클-무 1개(중간 크기)
카레 가루 2큰술 혹은 치자 2개, 레몬 1/2개

피클물
물 2컵, 식초 1½컵, 설탕 1컵, 굵은 소금 3큰술
피클링 스파이스 2작은술

만들기
1. 무는 잘 씻어 껍질을 벗기고 사방 2센티미터 두께, 5센티미터 길이로 썬다.
2. 레몬은 베이킹소다로 박박 문질러 씻은 뒤 부채꼴 모양으로 슬라이스 한다.
3. 홍피클은 비트를 잘 씻어 껍질을 벗겨 부채꼴 모양으로 썰고 황피클은 무에 카레 가루를 버무리거나 치자를 준비한다.
4. 분량의 피클물을 팔팔 끓인다.
5. 준비한 재료들을 각각 병에 담고 4의 뜨거운 피클물을 부어 그대로 식힌다.
6. 식으면 뚜껑을 닫고 냉장고에 넣어 두고 먹는다.

Tip : 피클물이 뜨거울 때 부어야 무의 아삭한 질감을 잘 살릴 수 있다.

고구마당근피클·우엉연근피클

고구마당근 피클

재료
호박고구마 2개(300g), 당근 1개(200g)
양파 1/2개(100g), 청양고추 2개
홍고추 1개

피클물
물 1컵, 식초 2컵, 설탕 1½컵, 굵은 소금 2큰술
레몬 슬라이스 4쪽, 피클링 스파이스 1작은술

만들기
1. 호박고구마와 당근은 껍질을 벗기고 2센티미터 두께, 5센티미터 길이의 직육면체 모양으로 자른다.
2. 호박고구마는 찬물에 20분 정도 담가 녹말 성분을 제거한다.
3. 양파는 굵게 채 썰고 청양고추와 홍고추는 1.5센티미터 길이로 썰어 씨를 털어낸다.
4. 모든 재료를 병에 섞어 담고 팔팔 끓는 피클물을 부어 그대로 식힌다.
5. 완전히 식으면 뚜껑을 닫고 일주일 정도 숙성한 뒤 다시 피클물만 따라 부어 팔팔 끓여 식혀 부어준다.

우엉연근 피클

재료
우엉 1대(250g), 연근 2개(중간 크기 400g)
양파 1/2개(100g), 식초 약간

피클물
물 1컵, 식초 2컵, 설탕 1컵, 굵은 소금 3큰술
유자청 5큰술, 레몬 슬라이스 4쪽
베트남 건고추 3개, 피클링 스파이스 1작은술

만들기
1. 우엉과 연근은 잘 씻어 껍질을 벗기고 동그란 모양을 살려 5밀리미터 두께로 썰어 찬물에 10분 정도 담가둔다.
2. 팔팔 끓는 물에 식초를 약간 넣고 1의 우엉과 연근을 1~2분 정도 데쳐 재빨리 찬물에 담가 식힌다.
3. 양파는 굵게 채 썬다.
4. 우엉, 연근, 양파를 병에 고루 섞어 담고 팔팔 끓는 피클물을 부어 그대로 식힌다.
5. 완전히 식으면 뚜껑을 닫고 일주일 정도 숙성한 뒤 다시 피클물만 따라 부어 팔팔 끓여 식혀 부어준다.

Tip : 고구마의 녹말 성분을 제거해야 깔끔한 피클을 만들 수 있다.
우엉이나 연근에는 녹말 성분이 있어서 그대로 피클을 담그면 단단해지고 피클물이 텁텁해지므로 찬물에 담가 녹말 성분을 제거하고 끓는 물에 데쳐야 깔끔한 피클을 만들 수 있다.

양송이버섯오일피클

양송이버섯은 어린 시절 말간 옥수수 수프에 얄팍하게 썰어 올라간 모양새로 저와 처음 만났어요. 지금 생각하면 버섯이라고는 한 조각도 안 들어간 그 수프에 왜 양송이가 올라가 있었나 싶기도 하지만 그땐 다들 그렇게 알고 먹었으니까요. 양송이버섯의 육질이 단단해지는 가을에는 버섯으로 만드는 피클로 가을 식탁을 꾸며봅니다.

재료
양송이버섯 30개

피클오일
엑스트라 버진 올리브유 4큰술, 레몬즙 5큰술, 발사믹 식초 2작은술
통후추 1작은술, 레드페퍼 1/3작은술, 월계수잎 1장, 굵은 소금 1작은술

만들기
1. 양송이버섯은 2~4등분한 뒤 끓는 물에 30~40초 정도 데쳐 물기를 제거한다.
2. 1을 분량의 피클오일에 버무려 랩을 싸고 그대로 하룻밤 두었다가 먹는다.

Tip : 버섯 피클은 장기 보관이 어려우므로 그때그때 만들어 먹는 것이 좋다. 버섯이 숙성되면서 시큼한 맛을 내는 물이 나와 쉽게 상하기 때문이다. 버섯을 잘라서 데치는 이유도 버섯의 갈변을 막고 효소의 작용으로 조직이 무르는 것을 막기 위해서다.

사과약지

한식은 다른 나라 요리에 비해 양념의 비중이 큰 편이지요. 양념의 맛으로 양념의 어원을 '藥(약 약)' '念(생각 념)' 약념으로 보는 견해가 있는데 귀한 식재료에 조화로운 양념을 넣어 먹는 사람의 무병장수를 비는 데서 연유하지 않았을까요? 특히 궁중에서는 꿀이나 참기름 같은 좋은 효능이 있는 양념이 많이 들어간 음식에 '약'자가 붙어요.

재료
사과말랭이 2컵(50g)

양념장
고춧가루 1½큰술, 멸치액젓 1큰술
다진 마늘 1작은술, 꿀 2작은술, 참기름 2작은술
통깨 약간

만들기
1. 사과말랭이를 흐르는 물에 재빨리 씻어 체에 받쳐 그대로 두어 부드럽게 불린다.
2. 분량의 재료를 섞어 양념장을 만든다.
3. 1에 2를 넣고 고루 버무려 밀폐 용기에 눌러 담고 조금씩 꺼내 먹는다.

Tip : 말린 사과를 물에 담가 불리면 사과의 풍미가 없어지기 때문에 흐르는 물에 재빨리 씻어 그대로 두는 것이 좋다. 부드러워진 사과의 수분을 제거한 뒤 양념에 버무려 조금씩 꺼내 먹는데 그 맛이 새콤달콤해 식욕을 돋우는 반찬으로 참 좋다.

알타리무간장장아찌·모둠버섯간장장아찌

알타리무장아찌는 김치와 달리 쓰고 맵고 아린 여름 첫 알타리로 담근 것이 가을 알타리로 담근 것보다 맛있습니다. '저염식을 하라'고 하지만 한식에는 소금과 장을 기본으로 한 짭짤한 발효음식이 많지요. 보관을 잘해도 염분이 충분하지 않은 발효음식은 세균이 번식하기 쉽고 발효의 깊은 맛도 나지 않아요.

알타리무 간장장아찌

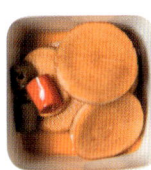

재료
알타리무만 1단(2kg 내외), 청양고추 5~6개(100g), 청고추 5~6개(100g), 홍고추 3개(50g)

장아찌물
간장 2컵, 식초 2컵, 설탕 1컵, 굵은 소금 2큰술

만들기
1. 알타리무는 무만 잘 씻어 7밀리미터 두께로 동글동글하게 썬다.
2. 고추는 잘 씻어 3센티미터 길이로 썰어 찬물에 헹군 후 체에 밭친다.
3. 분량의 장아찌물을 한소끔 끓여 식힌다.
4. 유리병이나 밀폐 용기에 알타리무와 고추를 담고 장아찌물을 부어 숙성시킨 후 3일쯤 후에 장아찌물을 다시 따라내고 끓여 식혀 붓고 먹기 시작한다.

모둠버섯 간장장아찌

재료
생표고버섯 10개(200g), 새송이버섯 2개(200g), 느타리버섯 1줌(100g), 소금 약간

장아찌물
간장 1/2컵, 물 1½컵, 설탕 1/2컵, 굵은 소금 1큰술, 청주 1/2컵, 생강즙 1큰술, 건고추 1개

만들기
1. 버섯은 기둥 끝을 잘라내고 먹기 좋은 크기로 썬다.
2. 팔팔 끓는 물에 소금을 약간 넣고 1을 살짝 데쳐 그대로 식혀 채반에 널어 물기를 뺀다.
3. 분량의 장아찌물을 팔팔 끓여 체에 걸러 식힌다.
4. 2를 병에 담고 3을 부어 냉장고에 넣고 일주일 정도 숙성시킨 뒤 먹는다.

Tip : 알타리무간장장아찌는 고추를 잘라 담갔기 때문에 뜨거운 장아찌물을 바로 부으면 고추가 설익어 장아찌를 망치게 되므로 장아찌물을 부을 때는 무만 먼저 담고 식으면 고추를 넣어 주어야 한다.
버섯을 데쳐서 효소작용을 억제해야 버섯장아찌가 시큼하게 변질되지 않는다. 장아찌물에 청주를 넣으면 염분을 조금 낮추어도 장아찌가 잘 변하지 않는다.

토란고추장박이·새송이버섯고추장박이

세상엔 참으로 많은 요리가 있지요. 어느 댁에서는 국으로 끓여 먹는 토란이 맛난 장아찌가 되어 반찬으로 나오기도 하지요.
송이버섯을 먹기 위해 느타리버섯을 개량한 버섯이 새송이버섯이에요. 버섯의 일미인 송이로 담그면 가장 좋지만 새송이로 담근 고추장장아찌도 밥 한 그릇 뚝딱 밑반찬이 되지요.

토란 고추장박이

재료
토란 5컵(600g, 13~15개), 쌀뜨물 약간, 고추장 1½컵, 조청 1/3컵

만들기
1. 토란은 껍질을 벗겨 쌀뜨물에 5~8분 정도 삶아 찬물에 헹군다.
2. 1의 토란을 채반에 널어 하루 정도 꾸덕하게 말린다.
3. 2에 고추장을 버무려 밀폐 용기에 담고 조청을 부어준다.
4. 3~4일 정도 숙성한 뒤 적당한 크기로 잘라 참기름에 버무려 먹는다.

새송이버섯 고추장박이

재료
새송이버섯 8개(800g), 고추장 3컵

1차절임물
간장 1컵, 물 1컵, 식초 1/2컵
설탕 1/2컵, 조청 1/3컵, 통마늘 5~6알

무침양념
다진 파 1큰술, 다진 마늘 1작은술
깨소금 1/2큰술, 참기름 1/2큰술
조청 약간(삭힌 새송이 2~3개 분량)

만들기
1. 새송이는 밑동을 잘라내고 십자로 칼집을 얕게 넣어준다.
2. 분량의 1차절임물을 팔팔 끓여 식힌다.
3. 1의 새송이버섯을 밀폐 용기에 담고 2를 부어 한 달 정도 숙성시킨다.
4. 새송이버섯을 체에 밭쳐 절임물을 뺀 후 고추장에 버무려 밀폐 용기에 담고 다시 고추장을 덮은 후 한 달 정도 숙성시킨다.
5. 맛이 들면 고추장을 훑어 내린 후 꼭 짜고 결대로 찢어 분량의 양념에 버무려 낸다.

Tip : 토란의 아릿한 맛은 쌀뜨물에 데치면 없앨 수 있고 큰 것은 적당한 크기로 잘라서 데치는 게 좋다.
새송이버섯을 절임물에 담가 수분을 충분히 빼고 고추장에 버무려야 상하지 않는다.

고들빼기장아찌

재료
고들빼기 2단(600g)

소금물
물 10컵, 굵은 소금 1½컵

장아찌물
간장 1컵, 물 1컵, 설탕 1/2컵, 굵은 소금 2큰술, 마늘 5톨, 생강 1/2톨, 건고추 1개

고추장양념
고추장 2컵, 올리고당 1/2컵

만들기
1. 고들빼기는 잔뿌리와 시든 잎을 다듬고 솔로 문질러 씻는다.
2. 1의 고들빼기를 분량의 소금물에 담가 3~7일 정도 절인다.
3. 2의 고들빼기를 잘 씻어 물기를 빼고 두 분량으로 나눈다.
4. 한 분량은 장아찌물을 부어 일주일 정도 숙성한 뒤 다시 장아찌물만 따라 식혀 부어 숙성한 뒤 먹는다.
5. 한 분량은 고추장에 버무려 밀폐 용기에 넣고 고추장과 올리고당에 버무려 2~3회 정도 갈아가며 숙성시킨 뒤 먹는다.

Tip : 소금물에 삭혀 쓴맛을 없앤 고들빼기는 간장과 고추장 중 어느 것으로 장아찌를 담가도 맛이 잘 어우러진다.

연근&우엉간장장아찌

주로 산에 있는 사찰에서는 식재료를 구하기가 어렵기 때문에 오래 저장하기 위해 장아찌 음식이 발달했고 민가와의 교류가 활발하지 않아 그 원형이 대체로 잘 계승되고 있지요. 특히 연근은 사찰 음식에 자주 등장하는 재료인데 맑은 국간장을 넣어야 연근의 깔끔한 맛이 잘 살아요.

재료
연근 3개(중간 크기 600g), 레몬 1개

장아찌물
간장 1/4컵, 국간장 1/4컵, 물 2컵, 설탕 2큰술
올리고당 3/4컵, 다시마 5×5cm 1장, 건고추 2~3개

만들기
1. 연근은 잘 씻어 껍질을 벗기고 7밀리미터 두께로 썰어 찬물에 30분 정도 담가 녹말기를 뺀다.
2. 레몬은 잘 씻어 씨를 빼고 동그란 모양을 살려 슬라이스 한다.
3. 1의 연근을 씻어 건져 레몬 슬라이스와 함께 밀폐 용기에 차곡차곡 담는다.
4. 분량의 장아찌물을 한소끔 끓여 식힌다.
5. 4의 장아찌물을 2에 부어 3일 정도 숙성한 뒤 장아찌물만 따라 부어 다시 끓여 식혀 부어주기를 2~3회 반복한다.

Tip : 우엉도 어슷 썰어 같은 방법으로 만들고 연근과 우엉을 섞어 장아찌를 만들어도 좋다.

감간장장아찌·감고추장장아찌

감장아찌를 처음 먹어 보면 꼭 담가 보게 됩니다. 막상 배우고 나면 감의 양도 많은 데다 감을 소금물에 삭히기까지 해야 해서 기다리는 시간이 정말 길지요. 항아리째 담갔다가 망쳐서 울면서 버린 적도 있는데 이 레시피는 그런 과정을 거치며 만들어진 귀한 레시피입니다.

감 간장장아찌

재료
단단한 단감 5개

장아찌물
간장 1컵, 물 1컵, 식초 1컵, 설탕 1/2컵, 양파 1/4개, 마늘 5쪽, 생강 1쪽

만들기
1. 단감은 잘 씻어 껍질째 4~6등분하여 씨와 꼭지의 타닌 부분을 제거한다.
2. 1을 채반에 널어 이틀 정도 수들수들하게 말린다.
3. 분량의 장아찌물을 팔팔 끓여 식힌다.
4. 밀폐 용기에 2를 담고 3의 장아찌물을 부어 일주일 정도 숙성한 뒤 다시 장아찌물만 따라 부어 팔팔 끓여 식혀 부어 숙성한 뒤 먹는다.

감 고추장 장아찌

재료
단단한 단감 10개, 고추장 3컵, 올리고당 1컵

소금물
물 5컵, 굵은 소금 1/4컵

만들기
1. 단감은 잘 씻어 껍질째 4~6등분하여 씨와 꼭지의 타닌 부분을 제거한다.
2. 1을 분량의 소금물에 이틀 정도 절인다.
3. 2를 잘 씻어 채반에 널어 물기를 완전히 제거하고 꾸덕하게 말린다.
4. 3의 감을 고추장과 올리고당에 버무려 밀폐 용기에 담고 겉물이 돌면 고추장을 3~4회 갈아가며 보관한다.

Tip : 간장에 담근 감장아찌는 피클 같아서 파스타나 피자 같은 서양요리에 곁들여도 손색이 없다. 떫은감을 사용하면 소금물에 삭혀 떫은맛을 없애야 하는데 단감을 사용하면 그런 과정을 거치지 않아도 된다. 단감은 쉽게 무르므로 단단한 것으로 고른다.

삭힌고추

동치미에 삭힌고추는 톡 쏘는 은은한 매운맛이 매력적이지요. 찬바람 맞아 단단해진 끝물 고추를 삭혀두면 동치미에 넣어 먹거나 무쳐 먹거나 송송 썰어 만두나 부침개 양념간장을 만들 때 요긴하게 사용할 수 있어요.

재료

끝물 고추 3줌(500g), 물 5컵, 굵은 소금 1컵

만들기

1. 고추는 잘 씻어 물기를 제거하고 밀폐 용기에 담는다.
2. 물과 소금을 잘 섞어 녹인 뒤 1에 부어 무거운 것으로 뜨지 않게 눌러 놓는다.
3. 누렇게 뜰 때까지 잘 보관했다가 무쳐 먹거나 내년 동치미에 넣어 먹는다.

무침양념

삭힌고추 10개분

간장 1큰술, 국간장 1/2큰술, 다시마물 2큰술, 설탕 1작은술, 다진 마늘 1작은술
송송 썬 쪽파 1작은술, 다진 홍고추 1작은술, 통깨 1작은술, 고춧가루 2작은술
참기름 2작은술

만들기

1. 삭힌고추의 짠맛을 빼고 물기를 제거한 뒤 꼭지를 2센티미터 정도 남기고 잘라 분량의 양념을 부어 살살 버무려 먹는다.

배추무오가리장아찌

반가 요리를 가르쳐 주신 선생님 댁에서 배추장아찌를 먹어보고 깜짝 놀랐어요. 배추로는 장아찌를 담근다는 생각을 하지 못했거든요. 김장철에 단맛 오른 배추를 소금에 절여 담갔더니 맛이 참 좋아요.

재료
배추 1통, 길게 잘라 말린 무오가리 4쪽

소금물
물 10컵, 굵은 소금 1컵

장아찌물
간장 1컵, 국간장 1컵, 다시마물 4컵, 설탕 1컵, 청주 1컵
청양고추 4개, 양파 1/2개, 마른 표고 1개, 생강 1/2톨, 올리고당 1컵

만들기
1. 배추는 시든 잎을 잘라 내고 반으로 갈라 분량의 소금물에 하룻밤 절인다.
2. 1의 배추를 흐르는 물에 3~4회 잘 씻어 물기를 뺀다.
3. 무오가리는 흐르는 물에 잘 씻은 뒤 그대로 두어 부드럽게 불린다.
4. 분량의 장아찌물을 팔팔 끓여 완전히 식힌다.
5. 배추와 무오가리를 밀폐 용기에 담고 4를 부어 일주일 정도 숙성한 뒤 물만 따라내어 다시 끓여 식혀 부어 일주일 정도 숙성한 뒤 먹는다.

Tip : 배추를 충분히 절여야 겉물이 돌지 않아 장아찌가 상하지 않는다. 무오가리는 숙성되면서 장아찌물을 먹어 불어나게 되므로 굳이 물에 담가 불리지 않아도 된다.

무짠지

무짠지는 기다림이 긴 음식이지요. 가을에 담가 이듬해 봄이나 여름에 꺼내 먹어야 제맛이에요. 짭짤하고 시원한 무짠지냉국이나 꼬들한 무침을 물 말은 밥에 올려 먹으면 가출했던 입맛이 부리나케 집으로 찾아와요.

재료
조선무 1/2단(1.2~1.5kg, 3개 정도), 천일염 5컵, 물 10컵, 고추씨 1컵
볏짚이나 랩 적당량

만들기
1. 무는 잘 씻어 청을 잘라내고 굵은 소금 2컵에 굴려 2~3일 절인다.

2. 1의 무를 밀폐 용기나 항아리에 담고 남은 천일염(굵은 소금)을 물에 녹여 부어준다.

3. 고추씨를 뿌리고 볏짚이나 랩으로 덮어준 뒤 무거운 것으로 눌러 떠오르지 않게 한다.
4. 이듬해 봄이나 여름에 꺼내 짠맛을 빼고 무쳐 먹는다.

Tip : 짠맛을 우릴 때는 짠지를 썰어 볼에 담고 찬물을 부어 물을 여러 번 갈아가며 소금기를 빼주어야 한다. 무를 굵은 소금에 문질러 절인 뒤 소금물을 부어야 무가 무르지 않고 꼬들꼬들해진다.

꽃게간장장아찌

달걀노른자와 참기름을 넣고 게 뚜껑에 밥을 비비면 밥도둑이 따로 없지요. 봄에는 암게, 가을에는 수게로 만들면 살이 꽉 찬 게장을 만들 수 있어요.

재료

꽃게 7~8마리(중간 크기 2kg)

간장물

간장 3컵, 물 4컵, 멸치액젓 1/2컵, 건고추 1개, 청양고추 2개
생강 1쪽, 마늘 5톨, 양파 1/2개, 감초 2~3조각

만들기

1. 꽃게는 솔로 깨끗하게 문질러 씻는다.
2. 손질한 꽃게의 다리 끝을 가위로 조금씩 잘라 놓는다.
3. 분량의 간장물을 팔팔 끓여 식혀둔다.
4. 손질한 꽃게를 밀폐 용기에 담고 3의 간장물을 부어 이틀 정도 숙성한다.
5. 이틀 후 간장물만 따라 부어 다시 끓여 식혀 부어 4일~일주일 정도 숙성한 뒤 먹는다.

Tip : 게를 냉동실에 잠깐 넣어두면 살짝 기절하는데 이때 잘 씻어서 손질하면 게가 다리를 잘라내지 않는다. 또 게장에는 설탕보다 감초를 넣고 끓이면 단맛도 돌고 비린맛도 없어진다. 오래 보관할 때는 게와 간장물을 분리해 냉동고에 넣어 두었다가 먹을 때마다 부어 먹는 것이 좋다.

전복장아찌

전라도에 가면 온갖 장아찌 호사를 누릴 수 있는데 전복장아찌도 그 중 하나지요. 작은 크기의 전복을 골라 솔로 문질러 씻어 장아찌를 담가 두면 장조림과는 또 다른 쫄깃함에 반하실 거예요.

재료
전복 10~12개(작은 크기 500g)

간장물
간장 3/4컵, 물 1컵, 매실청 1/2컵, 청주 2큰술, 청양고추 1개
양파 1/2개, 홍고추 1개, 마늘 3쪽, 생강 1/2톨

만들기
1. 전복은 작은 것으로 골라 솔로 깨끗하게 문질러 씻고 살에 격자무늬를 내어준다.
2. 1의 전복을 껍질이 바닥으로 가게 놓고 김이 오른 찜통에 10분 정도 찐다.
3. 2의 전복을 밀폐 용기에 차곡차곡 담는다.
4. 분량의 간장물을 팔팔 끓여 3에 부어준 뒤 이틀 정도 숙성한 뒤 먹기 시작한다.

Tip : 오래 보관할 것은 간장게장처럼 간장물과 전복을 분리하여 냉동 보관하는 것이 좋다.

추젓

새우젓은 담그는 시기에 따라 오젓, 육젓, 추젓 등으로 나뉘지요. 분홍빛이 돌면서 새우의 형태가 살아있는 육젓이 맛있지만 집에서 직접 젓갈을 만들 때는 선선한 가을에 담그는 추젓이 더 적합해요. 젓갈의 국물이 뽀얗고 노랗게 삭으면 고소하면서도 감칠맛이 나지요.

재료
잔 생새우 10컵(1kg), 절임용 굵은 소금 200g, 세척용 소금 약간

만들기
1. 생새우는 색이 선명하고 통통한 것으로 골라 잡티를 골라내고 소쿠리에 밭쳐 옅은 소금물로 휘휘 저어가며 씻어 물기를 뺀다.
2. 절임용 소금의 반 정도를 새우에 고루 버무린다.
3. 소독된 용기에 2의 새우를 넣고 남은 소금을 넉넉히 덮어준다.
4. 뚜껑을 밀봉한 뒤 어둡고 서늘한 곳에 보관하여 푹 삭혀서 사용한다.

Tip : 홈메이드 발효음식을 숙성시키기에는 가을이 가장 좋다. 봄에는 곧 여름이 다가오므로 관리가 힘들고 여름은 발효가 되기보다는 상하기가 쉽다. 가을 발효식은 담가두면 가을과 겨울, 봄을 지나면서 맛이 깊어지고 여름이 되어도 잘 상하지 않는다.

새우간장장아찌

선선한 가을바람이 불면 사람들은 해산물에 열광을 하지요. 때마침 싱싱한 해산물도 쏟아져 나오긴 해요. 봄 대하도 맛있지만 가을 대하도 여름 내내 잘 먹어서인지 살이 탄탄하지요. 이름처럼 크기도 큰 대하는 그냥 쪄서 먹고 소금구이용 중하로 담그면 맛이 좋아요.

재료
중하 새우 30~35마리(살아있거나 싱싱한 것 1kg), 깐마늘 1컵(150g)

간장물
간장 1/2컵, 다시마물 1컵, 멸치액젓 1/3컵, 청주 1/3컵, 생강 1톨, 건고추 3개, 대파 1대, 양파 1개
레몬 1/2개, 감초 1조각

만들기
1. 새우는 소금물을 살짝 부어 잘 씻어 체에 밭치고 마늘은 꼭지를 딴다.
2. 분량의 간장물을 팔팔 끓여 식힌다.
3. 새우와 마늘을 밀폐 용기에 차곡차곡 놓고 간장물을 부어 숙성시킨다.
4. 다시 간장물을 따라내고 끓여 붓기를 3~4일 간격으로 2번 정도 반복한 후 먹는다.

Tip : 죽은 새우는 장이 빠져 간장물이 탁해지기 때문에 사용하더라도 싱싱한 상태여야 하고 간장물을 끓여 식혀 다시 부을 때는 면포에 걸러 내장이 터진 물이 들어가지 않게 해야 한다.

겨울

겨울인가 싶으면 어느새 하우스 봄나물과 딸기가 마트의 진열장에서 어서 봄이 오라고 고사를 지내고 있습니다. 겨울은 저장식 마니아들에겐 방학과도 같지요. 부지런히 유자며 유자주머니, 모과청을 만들고 김장을 하고 나면 세상에서 제일 부자가 된 것 같은 행복감이 밀려 옵니다. 겨울에는 제철 재료가 많지 않아 바쁘지는 않지만 일 년 내내 만들어 놓은 저장식품 단도리에 눈코 뜰 새가 없는 한가롭지 않은 도시 농한기랍니다.

12월

한 해의 마지막, 달력도 한 장만 남았다는 서글픔이 밀려오는 12월이면 하는 일이 없어도 괜히 마음이 바빠지지요. 날씨도 춥고 옷도 두꺼워지고 감기라도 걸릴까 대비하게 되지요. 자연은 어찌하여 인간에게 비타민의 보고인 귤을 겨울에 선물을 했을까요? 참 신기합니다.

1월

새로운 한 해의 시작인 1월은 겨울의 한 가운데라 어느 때보다 더 춥고 다른 계절보다 할 일이 없는 것처럼 느껴지지만 생각보다 바쁩니다. 말린 해초나 장아찌, 또 겨울에 담그는 보리막장과 고추장은 일 년 내내 가족들을 위한 밥상을 풍성하게 해 줄 밑거름이니까요.

2월

겨울의 막바지인 2월엔 부쩍 봄을 기다리게 됩니다. 시장이나 마트에 가면 어느 새 달래며 냉이며 봄나물 들이 선보입니다. 겨울에 만든 봄나물 저장식은 따뜻한 봄이 되었을 때 자체의 풍미를 잃지 않고 먹을 수 있습니다.

귤껍질 말리기·대파뿌리 말리기

귤껍질 말리기

솜씨 좋은 숙모는 귤껍질을 별 모양으로 까서 아랫목에 펼쳐 말려 방향제로 사용했었어요. 불가사리처럼 다섯 손가락을 펼친 귤껍질이 예뻐서 따라해 보았지만 어렵기만 했죠. 다 먹고 버린 귤껍질을 모아 말리기만 할 뿐입니다.

재료

귤 혹은 한라봉 적당량, 베이킹소다 약간

만들기

1. 귤이나 한라봉은 베이킹소다를 뿌려 잘 씻어 껍질만 굵직하게 채 썬다.
2. 채반에 널어 바람이 잘 통히는 반그늘에 두어 3~4일 정도 말린다.

대파뿌리 말리기

어린 시절 시골장터에 가면 꽃누비 솜옷을 껴입은 쪼글쪼글 할머니들이 통통하게 살찐 겨울 대파를 옥파라며 한 바구니씩 팔고 계셨어요. 뽀얀 대가 유난히 광이 나고 단맛도 겨울에 제일 좋아요. 대파를 요리에 넣기 전 뿌리를 깨끗이 잘라 말려 두면 육수를 낼 때나 감기예방 차로 먹을 수 있습니다.

재료

대파 적당량

만들기

1. 대파는 뿌리가 갈라지지 않게 잘라 찬물에 흔들어가며 씻어 흙을 제거한다.
2. 1의 대파뿌리를 채반에 널어 바람이 잘 통하는 양지에서 일주일 정도 말린다.

Tip : 귤껍질에는 농약성분이 남아 있을 수 있으므로 베이킹소다로 문질러 씻은 뒤 사용하는 것이 좋다. 대파뿌리는 밖에 두어도 얼었다 녹았다 하며 겨울을 날 정도로 추위에 강하다. 맵고 따뜻한 성질이 있어 손발이 차고 혈액순환이 안 될 때 차로 끓여 마시면 좋다. 귤껍질과 함께 끓여 마시면 감기예방에 좋다.

한라봉햇살칩

아껴 먹다 보면 껍질이 수들수들 마르기 시작하는 한라봉이 있어 오렌지처럼 잘라서 말려보았습니다. 향이 어찌나 좋은지 뜨거운 물만 부으면 기분 좋아지는 과일차가 돼요. 아이들은 과자처럼 바삭바삭 떼어 먹기도 좋아요.

재료
한라봉 적당량

만들기
1. 한라봉을 베이킹소다로 잘 씻어 얄팍하게 썬다.
2. 1을 채반에 널어 바람이 잘 통하는 그늘진 곳에 두어 3~4일 정도 바삭하게 말린다.

Tip : 한라봉을 구입할 때는 잎이 붙어 있고 껍질이 거친 것을 구입하는 것이 수확한 지 오래 되지 않은 것이어서 좋다. 과육은 먹고 껍질만 깨끗이 씻은 후 잘라서 말려도 좋은 차가 된다.

브로콜리대 말리기

일본의 채소조리법을 보면 감탄할 때가 한두 번이 아니에요. 장수를 위한 마크로비오틱의 열풍이 아니더라도 일본의 요리책들을 보면 채소를 참 다양하고 알뜰하게 먹지요. 일본 식당에 가서 쫄깃한 채소 조림을 먹고 '맛있다'를 연발했더니 브로콜리대를 말려서 조렸다고 해요. 브로콜리대는 늘 버리는 것이라고 생각했는데 그 이후로 저의 말린 채소 목록에 브로콜리대는 꼭 들어가게 되었지요.

재료
브로콜리대 적당량

만들기
1. 꽃송이를 손질하고 남은 브로콜리대를 5센티미터 길이로 도톰하게 썬 뒤 끓는 물에 데친다.
2. 1을 채반에 널어 하루나 이틀정도 수들수들하게 말린 뒤 냉동고에 넣어 보관한다.

Tip : 브로콜리를 너무 바삭 말리면 불려도 쫄깃한 맛이 덜 하다. 수분감이 있게 수들수들 말려 냉동고에 보관했다가 살짝 불려서 각종 채소 조림에 넣어 먹는다. 특히 열량이 거의 없는 곤약과 잘 어울려 다이어트에 도움이 된다.

톳 말리기·파래 말리기

해초에는 칼슘과 무기질이 풍부합니다. 1월 중하순에 구입한 톳이 알도 통통하고 식감도 좋지요. 이 시기에 넉넉히 말려두면 일 년 내내 맛있는 톳 요리를 먹을 수 있어요.

톳 말리기

재료
톳 적당량, 소금 약간

만들기
1. 톳은 이물질을 잘라내고 옅은 소금물에 흔들어 씻는다.
2. 1의 톳을 채반에 넓게 펴 널어 바람이 잘 통하는 양지에서 일주일 정도 말린다.

파래 말리기

해촌의 봄은 해초 냄새로부터 오지요. 날이 조금 풀리면 파래나 미역을 줄에 널어 말리는 풍경을 흔하게 볼 수 있는데 봄기운이 묻어나는 겨울바다에 말린 해초는 향이 참 좋아요. 파래는 겨울부터 3월 말까지가 제철인데 날이 따뜻해지면 억세지고 잘 자라지 않아요. 제철 파래를 냉동실에 얼려두고 먹을 수도 있지만 해동 후 조리하면 식감이 많이 떨어지므로 말려두고 사용하면 좋지요. 말린 파래는 물에 부드럽게 불려 무치거나 바로 뜯어 양념장에 볶거나 조리거나 무칠 수도 있어요.

재료
파래 적당량, 소금 약간

만들기
1. 파래는 옅은 소금물에 흔들어 씻어 물기를 꼭꼭 짠다.
2. 2의 파래를 채반이나 빨랫줄에 널어 바람이 잘 통하는 곳에서 일주일 정도 말린다.

Tip : 톳은 광택이 나고 굵기가 일정한 것이 상품이다. 톳을 흐르는 물에 지저분한 것을 털어낸 다음 찬물에 20~30분 담가 두면 깨끗하게 손질된다. 한때 일본 사람들이 좋아하는 식재료라 전량 일본으로 수출된 적도 있다고 한다.
파래를 구입할 때는 눈으로 보아 빛깔이 검고 광택이 나면서 특유의 향기가 있는 것을 고른다. 말린 파래는 분말로 만들어 부침개나 수제비, 칼국수의 천연색소로 사용해도 좋다.

곰피미역 말리기·곰피미역부각

겨울에 생미역을 살짝 데쳐 고기를 넣어 볶은 쌈장에 싸 먹으면 참으로 별미예요. 미역 중에서도 잎에 구멍이 송송 난 곰피미역은 오돌도돌 씹히는 맛이 좋아 즐겨 먹게 됩니다. 곰피미역은 지방에 따라 곤포, 곤피라고도 하지요. 조금 넉넉히 사온 날은 이 미역을 빨랫줄이나 채반에 널어 말려 두면 사먹는 마른 미역과는 또 다른 진한 풍미가 있어요.

곰피미역 말리기

재료
곰피미역 적당량

만들기
1. 곰피미역은 이물질을 떼어내고 옅은 소금물에 바락바락 씻어 물기를 제거한다.
2. 1의 곰피 미역을 채반에 넓게 펴 널거나 빨랫줄에 널고 바람이 잘 통하는 양지에서 일주일 정도 말린다.

곰피미역 부각

재료
곰피미역 1줌 반(200g), 식용유 약간

찹쌀풀
찹쌀가루 3½큰술, 다시마물 1컵, 설탕 2작은술

만들기
1. 분량의 재료를 고루 섞어 찹쌀풀을 되직하게 쑤어 식힌다.
2. 미역은 옅은 소금물에 바락바락 주물러 씻은 뒤 물기를 짠다.
3. 2의 미역을 적당한 크기로 잘라 찹쌀풀을 양쪽면에 두세 번 덧바른다.
4. 3을 채반에 넣어 바람이 잘 통하는 양지에 두어 4~5일 바싹 말린다.
5. 150도로 달군 식용유에 넣고 찹쌀풀이 부풀어 오를 때까지 튀겨낸다.

Tip : 미역부각에 바를 찹쌀풀은 다른 부각을 할 때보다 되직해야 도톰하게 바를 수 있다. 찹쌀풀 대신 찹쌀밥을 발라 말리기도 한다. 미역부각은 중온에서 서서히 튀겨야 찹쌀풀이 뽀얗고 도톰하게 부풀어 오른다.

두부&도토리묵 말리기

시골 할머니나 엄마들에게는 가을에 욕심껏 수확한 콩이나 도토리가 가족들에게 맛난 두부와 묵을 만들어 주는 귀한 식재료지요. 두부나 묵은 만들기가 번거롭기 때문에 한 번 만들 때 여러 모를 만들게 되는데 냉장고가 없던 시절에는 꼬들하게 말려 두었다가 사용했어요. 요즘은 마트에서 손쉽게 구해 만들 수 있지만 고소하고 쫄깃한 맛은 그 시절만 못하지요.

재료
두부 혹은 도토리묵 2~3모 정도

만들기
1. 두부와 도토리묵은 흐르는 물에 잘 씻어 손가락 굵기로 도톰하게 채 썬다.
2. 1의 두부나 도토리묵을 채반에 널어 바람이 잘 통하는 양지에서 5~6일 정도 말린다.

Tip : 두부나 묵은 말리는 동안 상하기 쉽고 가을에 수확한 햇것을 이용해 늦가을이나 겨울에 말리면 좋다. 겨울바람에 얼말린 두부나 묵은 스펀지처럼 구멍이 뚫리기도 하는데 불려서 사용하면 별미 식재료가 된다. 말린 두부나 묵을 미지근한 물에 담가 20분 정도 불려 조림장에 조려 먹으면 밥반찬이나 다이어트 간식으로 손색이 없다. 두부는 무거운 것으로 눌러 수분을 제거하고 칼등으로 으깨어 면포에 싸서 된장독에 묻어 두고 2~3개월 숙성시킨 뒤 꺼내 먹는 두부장으로도 만들 수 있다.

귤잼·마멀레이드

귤은 서로 닿으면 무르거나 상하는데 한 두 개 상하기 시작하면 어느새 상자 전체로 번지지요. 아이들이 먹다 남긴 귤이나 약간 무른 귤을 모았다가 잼을 만들어 빵에 발라먹으면 생귤과는 다른 풍미를 느낄 수 있습니다.

귤잼

재료

귤 10개(중간 크기 800g), 설탕 2/3컵(150g), 올리고당 3큰술

만들기

1. 귤은 껍질을 벗긴 후 바닥이 두꺼운 냄비에 담고 손으로 대충 으깨어 설탕을 부어 잠깐 둔다.
2. 설탕이 다 녹으면 강불로 끓인다.
3. 끓어오르면 중약불로 줄여 주걱으로 저어가며 농도가 나게 졸인다.
4. 걸쭉해지기 시작하면 올리고당을 넣고 우르르 끓여 불을 끈다.
5. 뜨거울 때 병에 담아 뚜껑을 닫고 뒤집어 식혀준다.

귤 마멀레이드

마멀레이드는 과육의 단맛과 껍질의 영양까지 모두 맛볼 수 있는 당조림 식품이지만 껍질이 들어가는 관계로 쓴맛이 남게 되지요. 씁쓸한 맛이 싫다면 껍질의 하얀 내피를 저며내고 만드는 것이 좋아요.

재료

귤 10개(중간 크기 800g), 레몬 1/2개 정도(50g)
설탕 1½컵(300g), 베이킹소다 약간

만들기

1. 귤과 레몬은 베이킹소다로 문질러 씻는다.
2. 1의 귤과 레몬을 껍질째 얄팍하게 썬다.
3. 냄비에 2의 귤과 레몬을 담고 설탕을 부어 설탕이 녹을 때까지 둔다.
4. 설탕이 녹으면 강불로 끓인 뒤 끓어오르면 중약불로 줄인다.
5. 주걱으로 저어가며 농도가 생길 때까지 졸인 뒤 뜨거울 때 소독한 병에 담는다.

Tip : 한라봉의 과육을 귤처럼 사용하면 풍미가 좋은 한라봉잼을 만들 수 있다. 귤잼은 돼지고기나 생선 요리를 할 때 양념장에 설탕처럼 사용하거나 밑간을 할 때 사용하면 육질을 부드러워지고 누린내나 비린내를 없앤다. 귤잼의 단맛과 무른 식감이 싫다면 씹히는 질감과 씁쌀한 맛이 있는 마멀레이드가 좋다. 마멀레이드는 잼보다 향이 진해 따뜻한 물에 타서 과일차로 마셔도 된다.

귤콩포트·금귤콩포트

지금 생각하면 한라봉 같은데 귤에 비해 속껍질이 질겨 소화를 못 시켜 탈이 난 적이 있어요. 그 후로 오랫동안 귤을 먹지 않다가 달콤한 귤통조림과 알알이 터지는 귤음료수를 먹고 다시 귤과 친해졌지요. 달지 않은 귤을 모아 가끔 콩포트를 만들면 달콤하고 부드러운 맛이 참 좋아요.

귤콩포트

재료
귤 10개(중간 크기 800g), 설탕 2/3컵(150g), 올리고당 3큰술

만들기
1. 귤은 속껍질을 벗기고 바닥이 두꺼운 냄비에 담고 설탕을 부어 잠깐 둔다.
2. 설탕이 다 녹으면 중불로 끓인다.
3. 끓어오르면 약불로 줄여 주걱으로 저어가며 농도가 나게 조린다.
4. 걸쭉해지기 시작하면 올리고당을 넣고 우르르 끓여 불을 끈다.
5. 뜨거울 때 병에 담아 뚜껑을 닫고 뒤집어 식혀준다.

금귤 콩포트

한식에는 '정과'라는 과일절임이 있는데 꿀이나 조청에 조려 수분을 빼내고 당장으로 말린 과일 저장식이지요. 금귤로도 다양한 정과를 만드는 데 촉촉한 콩포트를 만들어 보았어요. 모양이 예뻐서 선물용으로도 그만이지요.

재료
금귤 5컵(500g, 40~45개), 설탕 1½컵(300g), 물 1컵

만들기
1. 금귤은 잘 씻어 6개 정도의 잔 칼집을 길게 넣어 준다.
2. 설탕과 물을 냄비에 담고 강불로 끓인다.
3. 끓어오르면 1의 금귤을 넣고 금귤이 약간 부풀어 오를 때까지 조린 뒤 불을 끄고 식힌다.
4. 3의 과정을 2~3회 반복하여 금귤껍질이 말개지도록 익힌다.
5. 뜨거울 때 소독된 병에 담고 뒤집어 식힌다.

Tip : 금귤콩포트는 강불에서 끓이면 풀어지므로 중약불로 은근하게 끓인다. 금귤에 칼집을 넣으면 시럽이 더 빨리 침투해 말갛고 탄력 있는 콩포트를 조금 더 빨리 만들 수 있다.

귤청·금귤생강청

물러서 버리기 아까운 귤로 귤청을 만들다가 으슬으슬 몸살과 따끔따끔 아픈 목감기에 효능을 본 다음부터 싱싱한 귤로 만들기 시작했지요. 아이들은 생강이나 유자청은 잘 먹지 않지만 향긋한 귤청은 잘 먹어요. 귤청은 겨울철 아이들 초기감기나 감기예방차로도 좋은 홈메이드 상비약이지요.

귤청

재료

귤 6개(중간 크기 500g), 설탕 2½컵(500g), 올리고당 1/2컵(100g), 계핏가루 1작은술

만들기

1. 귤은 베이킹소다로 문질러 씻은 뒤 동그란 모양을 살려 얄팍하게 썬다.
2. 1의 귤에 설탕의 1/2정도와 계핏가루를 버무려 병에 담고 남은 설탕과 올리고당을 부어준다.
3. 2~3주 정도 숙성한 뒤 체에 걸러 건지와 국물을 분리하여 청만 따로 병에 담아 보관한다.

금귤 생강청

낑깡이라고도 하는 금귤은 껍질과 과육을 함께 먹는 대표적인 건강과일이지요. 먹다보면 신맛과 쓴맛이 너무 강한데 이럴 때 청으로 담가 두면 금귤의 비타민 A와 비타민 C, 유기산을 건강하게 섭취해 피부미용과 피로회복, 면역력 증대의 효과를 볼 수 있어요.

재료

금귤 2컵(200g, 16~18개), 생강 30g, 설탕 1¼컵(250g), 올리고당 1/4컵(50g)

만들기

1. 금귤은 잘 씻어 꼭지를 따고 동그란 모양을 살려 썬다.
2. 생강은 잘 씻어 껍질을 벗기고 모양을 살려 얄팍하게 썬다.
3. 금귤과 생강에 설탕의 1/2을 버무려 병에 담고 남은 설탕과 올리고당을 부어준다.
4. 2주일 정도 숙성한 뒤 체에 걸러 건지와 국물을 분리하여 보관한다.

Tip : 귤청은 수분이 많이 나와 너무 오래 숙성하면 곰팡이가 생기기 쉬우므로 2주일 정도 숙성한 뒤에는 바로 걸러 냉장고에 보관하는 것이 좋다. 절인 과육을 졸여두면 잼이나 차로 활용할 수 있다.

레몬잼·레몬필&시럽·레몬청

외국 저장식을 스타일링하다가 레몬커드와 레몬프리저브라는 제품을 알게 되었습니다. 레몬 껍질의 쓴맛이 강해 레몬으로는 저장식을 만들지 못할 거라 생각했는데 의외로 신선한 맛에 반해 여러 가지 저장식을 만들어보았습니다.
레몬즙을 요리용으로 짜내고 남은 레몬껍질은 아까워서 모아 두었다가 필을 만들어요. 필을 시럽에 조려두면 껍질을 버릴 일이 없고 레몬의 향이 듬뿍 들어간

시럽을 얻을 수 있어 일거양득이랍니다. 껍질이 도톰한 한라봉도 필을 만들어 두면 좋아요.
새콤달콤한 맛이 매력적이라 특히 여자 아이들이 좋아합니다. 수입 레몬은 일 년 내내 볼 수 있지만 신선한 국산 레몬은 12월 중순부터 1월에 구입할 수 있습니다.

레몬잼

재료

레몬 3~4개(400g), 설탕 1컵(200g), 꿀 2큰술

만들기

1. 레몬은 베이킹소다로 문질러 씻어 물기를 닦는다.
2. 레몬의 껍질과 과육을 분리하여 껍질은 곱게 채 썰고 과육은 씨를 제거한 뒤 굵직하게 다진다.
3. 곱게 썬 껍질을 끓는 물에 넣고 10분 정도 끓인 뒤 체로 건지는 과정을 3회 정도 반복한다(쓴맛이 돌면 한두 번 더 끓인다).
4. 냄비에 2의 과육과 3의 껍질을 넣고 설탕을 뿌려 설탕이 녹을 때까지 둔다.
5. 설탕이 녹으면 중불로 끓이고 끓어오르면 불을 끄고 설탕에 레몬 향이 배어들도록 완전히 식힌다.
6. 완전히 식으면 다시 중불을 켜고 주걱으로 저어가며 되직한 농도가 되게 끓인다.
7. 6에 꿀을 재빨리 섞고 불을 끄고 소독된 병에 담고 뒤집어 식힌다.

Tip : 껍질과 과육이 함께 들어간 마멀레이드 스타일의 잼으로 껍질을 끓는 물에 데쳐 껍질의 쓴맛을 충분히 제거하여야 맛있게 먹을 수 있다.

레몬필 & 시럽

재료

레몬 3~4개(400g), 설탕 2컵(400g), 물 2컵

만들기

1. 레몬은 베이킹소다로 잘 문질러 씻어 물기를 제거한다.
2. 레몬의 양쪽 끝을 제거하고 4~6등분하여 껍질을 벗긴다.
3. 과육은 즙을 짜내고 껍질은 끓는 물에 10분 정도 끓인 뒤 체에 건져내는 과정을 2~3회 반복한다.
4. 냄비에 레몬즙과 물, 설탕을 넣고 강불로 끓인다.
5. 4에 3을 넣고 불을 끈 뒤 하룻밤 재운다.
6. 5를 체에 밭쳐 다시 시럽을 끓인 뒤 껍질을 넣는다(이 과정을 5~6회 반복한다).

레몬청

카페에서 만든 레몬청에 탄산수를 부은 에이드를 마셔보고 만들기 시작한 레몬청은 숱한 실패 끝에 완성되었어요. 쓴맛을 제거하는 방법을 몰라 버리고 쓴맛 제거에 몰두한 나머지 흰 부분을 제거하고 담가 풍미가 떨어지고……. 꼭지 부분을 잘라냈더니 쓴맛이 상당량 제거되었어요. 레몬청은 증류수에 희석해 사용하면 천연 보습제로도 좋지요.

재료

레몬 4~5개(500g), 설탕 2½컵(500g), 베이킹소다 약간

만들기

1. 레몬은 베이킹소다로 문질러 잘 씻어 팔팔 끓는 물에 2~3분 정도 데친다.
2. 1의 레몬의 양쪽 끝을 제거하고 동그란 모양을 살려 썰어 씨를 빼낸다.
3. 2의 레몬에 설탕의 1/2을 버무린 뒤 병에 담고 남은 설탕을 부어준다.
4. 일주일 정도 숙성한 뒤부터 먹을 수 있다.

Tip : 절인 필을 곱게 채 썰거나 다져 아이스크림이나 셔벗, 빵, 케이크, 떡 등에 넣어 먹으면 맛이 좋다. 필을 다 먹고 난 뒤 남은 시럽을 홍차나 탄산수 등에 넣어 마시면 풍미가 좋다.
레몬청을 떠낸 뒤에는 과육을 꼭꼭 눌러 청 위로 떠오르지 않게 하여야 곰팡이가 생기지 않는다. 무거운 것으로 눌러두거나 꼭꼭 눌러주는 것이 좋다.

브로콜리&콜리플라워피클

슈퍼푸드로 알려진 브로콜리는 초겨울이 제철이지요. 건강에 좋다고 알려지면서 일 년 내내 볼 수 있지만 제철인 겨울에 가장 달고 아삭하지요. 브로콜리와 달리 겨울부터 봄까지 짧게 볼 수 있는 콜리플라워는 냉장고에 넣어 두면 금방 색이 변해 구입 후 빨리 먹는 게 좋지요. 데쳐 먹거나 볶아 먹는 것 이외에 요리법이 다양하지 않아서 브로콜리와 콜리플라워를 섞어 피클을 만들어두면 훌륭한 밑반찬이 되지요.

재료
브로콜리 1/2송이·콜리플라워 1/2송이(중간 크기 가 250g), 레몬 1/2개(50g), 수금 약간

피클물
물 2컵, 식초 1½컵, 설탕 1컵, 굵은 소금 2큰술, 베트남 건고추 3개
피클링 스파이스 2작은술

만들기
1. 브로콜리와 콜리플라워는 먹기 좋게 송이를 자르고 레몬은 잘 씻어 얄팍하게 슬라이스 한다.
2. 1을 끓는 물에 소금을 약간 넣고 재빨리 데쳐 찬물에 헹군다.
3. 소독된 병에 브로콜리와 콜리플라워, 레몬 슬라이스를 담는다.
4. 분량의 피클물을 팔팔 끓여 식혀 3에 부어 뚜껑을 닫고 3일 정도 후 물만 따라내어 다시 끓여 식혀 부어 바로 먹는다.

콜라비피클&콜라비간장장아찌

"엄마 그거 있잖아…."
"야, 그게 아직도 있냐. 이제 그런 거 안 난다. 난다 해도 누가 그걸 캐고 있겠어."
어린 시절에 먹었던 음식이 생각나지만 사라지는 것이 있으면 새로 생기는 것도 있는 법, 언제부턴가 겨우살이를 재미나게 해주는 식재료가 콜라비입니다. 생김새도 신기하지만 무와 배, 사과를 합쳐 놓은 것 같은 맛도 아주 신선하지요. 과육이 단단해 피클이나 장아찌를 담가 두면 피자나 파스타를 먹을 때 아주 요긴하게 사용되지요.

재료
콜라비 2개(중간 크기 900g), 당근 1/4개(50g), 양파 1/2개(100g)

피클물
물 2컵, 식초 2컵, 설탕 1½컵, 굵은 소금 2작은술, 피클링 스파이스 2작은술

장아찌물
간장 1컵, 물 1½컵, 식초 1½컵, 설탕 1컵, 건고추 1개, 생강 슬라이스 1쪽

만들기
1. 콜라비는 잘 씻어 껍질을 얄팍하게 벗긴 뒤 5센티미터 길이의 직육면체 모양으로 썬다.
2. 당근은 콜라비 크기로 썰고 양파는 굵게 채 썬다.
3. 1과 2를 고루 섞어 소독된 병에 나누어 꼭꼭 눌러 담는다.
4. 피클물과 장아찌물을 각각 팔팔 끓여 병에 담고 그대로 식혀 뚜껑을 닫는다.
5. 일주일 정도 숙성한 뒤 물만 따라 내어 다시 끓여 식혀 부어 다음 날부터 바로 먹는다.

Tip : 콜라비는 순무와 양배추를 교배시킨 작물로 유럽이 원산지이다. 우리나라에서는 겨울철에 주로 제주도에서 나며 자색과 녹색을 띠는 흰색이 있고 당도가 높고 비타민 C가 풍부하다. 지퍼백에 담아 냉장보관하면 한 달 정도 두고 먹을 수 있으나 바람이 들기 쉬우므로 빨리 먹는 것이 좋다.

콜라비된장박이

겉은 멀쩡한데 속은 바람이 든 콜라비가 아까워서 그 옛날 할머니처럼 썰어서 말려보았지요. 당도가 높아서인지 말려도 맛이 좋더라고요. 수분이 적당히 있게 말린 뒤 된장이나 고추장에 박아두면 겨울철 입맛 살리는 장아찌가 되지요.

재료
콜라비 2개(중간 크기 900g), 된장 2컵, 조청 1/2컵

만들기

1. 콜라비는 잘 씻어 껍질을 대충 벗기고 얄팍하게 썬다.

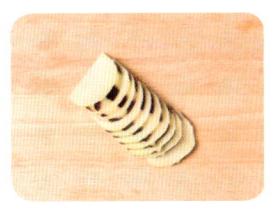

2. 1의 콜라비를 채반에 널어 이틀 정도 수들수들하게 말린다.

3. 2를 볼에 담고 된장과 조청을 넣고 버무려 밀폐 용기에 담고 한 달 정도 숙성시킨 뒤 먹는다.

Tip : 숙성하는 중에 수분이 생기면 된장을 갈아주며 숙성한다.

물파래간장장아찌·말린파래간장장아찌

김치나 장아찌를 공부하다 보면 우리 조상들의 저장기술에 감탄을 하지요. 수분이 많은 채소뿐 아니라 해초류, 어류, 육류를 가리지 않아 '설마 이런 것까지'라고 생각할 정도로 다양합니다. 현대인의 입맛에 맞게 레시피를 만들다보니 옛맛과 같지는 않지만 제철음식을 오래도록 먹고자 했던 조상들의 지혜는 담아내려고 오늘도 이것저것 절이고 삭혀봅니다.

물파래 간장장아찌

재료
물파래 2컵(250g, 2줌), 무 1/5개(중간 크기 300g), 홍고추 1개, 마늘 2톨, 생강 1/2쪽

장아찌물
간장 1/2컵, 다시마물 1/2컵, 조청 1/2컵, 청주 1/2컵, 소금 약간

만들기
1. 물파래는 체에 밭쳐 살살 씻어 물기를 꼭 짠다.
2. 무는 5센티미터 길이 5밀리미터 두께의 직육면체 모양으로 채 썬다.
3. 홍고추와 마늘, 생강은 3센티미터 길이로 곱게 채 썬다.
4. 냄비에 분량의 장아찌물 재료를 넣고 팔팔 끓여 한소끔 식힌다.
5. 물파래와 무, 홍고추, 마늘, 생강을 고루 섞어 소독된 병에 담고 4의 양념을 부어 일주일 정도 익혀 먹는다.

 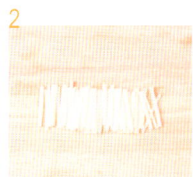   

말린파래 간장장아찌

재료
말린파래 1줌(15g)

장아찌물
간장 2큰술, 물 5큰술, 조청 2큰술, 청주 2큰술

만들기
1. 말린파래를 손으로 대충 뜯어 볼에 담는다.
2. 1의 재료를 우르르 끓여 1에 부어 장아찌물이 스며들게 조물조물 버무린다.
3. 소독된 병에 담고 2~3일 후부터 먹을 수 있다.

Tip : 파래가 약간 삭으면서 질감은 훨씬 부드러워진다. 기호에 따라 식초를 넣고 만들어도 좋다. 오래 두고 먹을 것은 장아찌물을 한 번 따라낸 뒤 다시 끓여 식혀 부어 먹는다. 물파래장아찌는 아주 오래 두고 먹는 장아찌는 아니다.
말린파래는 무침이나 볶음, 튀김 등으로 먹을 수 있지만 장아찌로 만들어도 오래 먹을 수 있다. 파래를 말릴 때 소금기를 충분히 빼지 않았다면 간장의 양을 줄여서 만들어야 한다. 먹을 때는 통깨와 참기름에 조물조물 버무린 뒤 먹는 것이 더 맛있다.

생곰피간장장아찌·마른곰피간장장아찌

일본은 섬나라여서 진귀한 해초 요리가 참 많아요. 다양한 해초 요리를 먹을 때마다 놀라는데 미역장아찌도 그 중 하나입니다. 문헌을 찾아보니 우리나라에도 있는데 많이 해 먹는 요리는 아니더라고요. 미역을 장아찌로 만들면 미역초회나 무침과는 또 다른 맛이 별미지요. 삼겹살을 구워 곁들여 먹어도 좋아요.

생곰피 간장장아찌

재료
생곰피미역 1줌 반(200g)
굵은 소금 약간

장아찌물
간장 3큰술, 다시마물 5큰술, 청주 2큰술
유자청 1½큰술, 소금 약간

만들기
1. 곰피미역은 굵은 소금을 뿌려 바락바락 씻어 흐르는 물에 씻어 체에 밭쳐 수분을 제거한다.
2. 분량의 재료를 고루 섞어 작은 냄비에 넣고 한소끔 끓여 식힌다.
3. 미역이 살짝 건조해지면 2의 장아찌물을 부어 하룻밤 재워둔다.
4. 장아찌물을 체에 밭친 뒤 다시 끓여 식혀 부어준 뒤 바로 먹기 시작한다.

마른곰피 간장장아찌

미역으로 국만 끓였다면 볶음이나 무침, 조림도 권합니다. 생미역이 귀한 철에 요긴한 반찬이 됩니다. 말린 미역은 담가두지 않고 흐르는 물에 살짝만 씻어도 쉽게 불릴 수 있어요.

재료
마른곰피 1줌(15g)

장아찌물
간장 3큰술, 다시마물 5큰술, 조청 2큰술
청주 2큰술, 레몬 슬라이스 2~3조각

만들기
1. 마른곰피를 흐르는 물에 살짝 씻어 부드럽게 불린 뒤 바락바락 씻어 체에 밭친다.
2. 분량의 재료를 작은 소스팬에 담고 장아찌물을 한소끔 끓여 식힌다.
3. 1의 마른곰피를 밀폐 용기에 담고 2를 부어 숙성한다.
4. 일주일 정도 후 장아찌물을 따라내어 끓여 식혀 붓기를 2회 정도 반복한 뒤 먹는다.

Tip : 참기름, 깨소금, 굵게 다진 홍고추를 넣고 버무려 먹으면 맛이 좋다. 간장의 양을 조금 줄이고 고추장을 섞어 주어도 된다.

어리굴젓

굴 먹는 재미가 겨울을 기다리게 하는 재미 중 하나라면 과장이 너무 심한 것일까요? 향긋하고 짭조름하면서 고소하기도 한 굴은 남자들이 특히 좋아하지요. 카사노바나 나폴레옹 같은 정력가들이 애용할 정도로 건강에 관여하는 아연 성분이 풍부한데요. 굴젓으로 담가두면 겨울 굴의 풍미를 조금 더 오래 즐길 수 있어요.

재료

강굴 1½컵(300g), 죽염이나 자염 1큰술, 생강 채 1큰술
무 간 것·굵은 소금·고운 고춧가루 적당량

만들기

1. 굴은 손을 데지 말고 체에 넣고 무 간 것에 버무려 씻은 후 옅은 소금물에 깨끗이 씻어 물기를 제거한다.

2. 밀폐 용기에 굴을 한 켜 넣고 생강 채를 뿌리고 고춧가루로 덮는다(3~4회 반복).

3. 굴을 서늘한 실온에 두어 일주일 정도 삭힌다(부피가 부풀어 오른다).
4. 소독된 젓가락을 넣고 휘휘 저어 냉장고에 보관한다.

Tip : 회로 먹는 양식용 대굴보다는 자연산 소굴이나 강굴로 젓을 담가야 오래 먹을 수 있다. 먹을 때마다 배채와 마늘 채, 무 등을 곁들여 간을 맞추어 먹는다. 아무것도 바르지 않은 김을 구워 밥과 함께 싸 먹는 것도 좋다.

알달래간장장아찌

어린 시절엔 빨간 소쿠리와 이 빠진 과도 하나면 엄마와 저의 즐거운 봄날 소풍이 시작되었지요. 강둑이나 논두렁, 산 아래 모퉁이를 돌아다니며 바구니 가득 담아온 봄나물들은 나물무침이며 나물된장찌개 같은 반찬들로 밥상이 풍성해지지요. 나물 채취 중 금메달은 단연 알이 통통하고 맵싸한 알달래인데 근래에는 마트에서도 알달래를 구입할 수가 있어요.

재료
알달래(은달래) 6컵(300g, 6줌)

장아찌물
간장 1/2컵, 식초 1컵, 설탕 3/4컵, 청주 1/2컵, 건고추 1개

만들기
1. 달래는 알뿌리의 흙을 잘 다듬고 줄기는 7~8센티미터 정도 길이로 잘라 잘 씻어 수분을 제거한다.
2. 분량의 장아찌 물을 팔팔 끓여 식힌다.
3. 손질한 달래를 밀폐 용기에 담고 2의 장아찌물을 부어 일주일 정도 숙성한다.
4. 장아찌물을 따라 다시 끓여 식혀 부어 일주일 정도 숙성한 뒤 먹기 시작한다.

Tip : 알달래가 없다면 끓는 물에 소금을 약간 넣고 줄기 달래를 데쳐 식힌 뒤 서너 가닥씩 돌돌 말아 장아찌물을 부어 숙성시키면 만들 수 있다. 달래는 야생마늘의 한 종류라 생것을 과다하게 먹으면 속이 아리고 매워 고생할 수 있다.

냉이된장박이

"흰꽃은 냉이, 노란꽃은 꽃다지" 어린 시절에 할머니에게 들었는지 엄마에게 배웠는지 기억나지는 않지만 지금도 냉이꽃을 보면 떠올라 나도 모르게 읊조립니다. 초봄에 동네 아줌마들이 다 캐다가 먹은 것 같은데 4월이면 어김없이 작은 별을 가득 담은 냉이꽃이 피는 것을 보면 냉이 참 대단하다 생각했지요. 냉이는 꽃이 피기 시작하면 질겨서 먹을 수가 없으므로 3월 중순 정도까지 먹는 게 좋아요.

재료
냉이 8줌(400g), 소금 약간, 된장 2컵, 조청 1/2컵

만들기
1. 냉이는 시든 잎과 뿌리를 잘라내고 흙을 털어가며 잘 씻어 체에 밭쳐 물기를 뺀다.
2. 1의 냉이를 팔팔 끓는 물에 소금을 약간 넣고 데쳐낸 뒤 채반에 널어 수들수들 말린다.
3. 1의 냉이에 된장을 1컵 버무려 밀폐 용기에 담고 남은 된장과 조청을 부어준다.
4. 2~3개월 정도 숙성한 뒤 참기름과 깨소금에 조물조물 버무려 먹는다.

Tip : 냉이는 잔뿌리에 이물질이 많이 붙어 있어 손질이 까다로운 편인데 누런 잎과 잔털을 떼고 칼로 뿌리 껍질을 긁어 맑은 물이 나올 때까지 여러 번 헹구어 체에 밭쳐 물기를 빼고 사용한다. 초봄 냉이는 연해서 생으로 먹어도 좋지만 늦봄의 억센 냉이는 끓는 물에 데쳐 무치거나 국을 끓일 때 넣어 먹는다.

씀바귀고추장박이

씀바귀는 '쓸 고苦, 나물 채菜'자를 써서 고채, '놀 유遊 겨울 동冬'자를 써서 유동, 씀배나물, 쓴나물 등으로 불리지요. 유동을 제외하고는 쓴 맛을 가진 씀바귀의 맛에서 비롯된 이름이에요. 봄이 되면 활발해진 신진대사에 체력이 미치지 못하여 춘곤증과 피곤함을 느끼게 되는데 쓴맛이 신진대사를 낮추어 밸런스를 맞추어 주기 때문에 봄에 쓴맛이 강한 씀바귀 같은 나물을 꼭 먹어주는 것이 좋아요.

재료
씀바귀 8줌(400g), 고추장 2컵, 조청 1/2컵

소금물
물 5컵, 굵은 소금 1/2컵

만들기

1. 씀바귀는 찬물에 담가 잘 불려 흙을 씻어낸 뒤 소금물에 씀바귀를 담고 일주일 정도 삭힌다.
2. 1을 건져 찬물에 2~3시간 담가 짠맛을 빼고 채반에 널어 수들수들하게 말린다.
3. 고추장 1컵을 2에 버무린 뒤 밀폐 용기에 담고 남은 고추장을 덮어준다.
4. 3의 위에 조청을 얇게 덮어 준 후 2~3개월 숙성시켜 먹는다.

Tip : 먹을 때는 고추장 양념을 걷어내고 참기름에 살살 버무려 통깨를 뿌려 먹는다. 소금물에 씀바귀를 삭히면 매운 맛과 아린 맛이 빠져 장아찌를 담그기가 좋다. 씀바귀는 이른 봄에 뿌리와 어린 순을 나물로 먹고 성숙한 것은 진정제로 사용하기도 한다. 이른 봄에 먹으면 식욕을 돋우어 봄에 필요한 기운을 보충해 주고 특히 남자들의 기를 왕성하게 해준다.

고추장

전통 찹쌀고추장을 처음 만들 때 찹쌀떡을 풀어내는 과정이 어찌나 고되고 힘이 들던지 다음 날 몸살이 났습니다. 여러분을 위해 저만의 간단 고추장을 알려드릴게요.

따뜻한 아랫지방에서는 조청을 이용해 쉽게 고추장을 만들어요. 요새는 이상 기온으로 중부지방도 많이 따뜻해져서 조청을 이용해 간략하게 고추장을 만들어도 쉽게 변하지 않아요. 꼭 정월에 담그지 않아도 햇고춧가루가 나오는 가을에 담가 두면 색이 고운 저온 숙성 고추장을 만들 수 있지요.

사과고추장

재료
고운 고춧가루 10컵(1kg), 메줏가루 7컵(500g), 사과조림 200g
조청 1.5kg(천일염 400g), 생수 10컵(2ℓ)

사과조림
사과 3개의 과육(중간 크기 600g), 설탕 200~250g

만들기
1. 사과는 씨와 껍질을 제거하고 푸드프로세서에 곱게 갈아 냄비에 담고 설탕을 넣고 자글자글 졸인다.
2. 냄비에 생수 10컵을 담고 1의 사과조림과 조청을 담고 우르르 끓여 식힌다.
3. 2를 큰 볼에 담고 메줏가루를 넣고 고루 섞는다.
4. 메줏가루가 풀리면 고춧가루를 넣고 고루 섞는다.
5. 굵은 소금을 넣고 간을 맞춘 뒤 용기에 담아 한 달 정도 숙성한 뒤 먹는다.

Tip : 항아리에 보관한다면 낮에는 뚜껑을 열고 밤이나 비가 올 때는 뚜껑을 덮고 익혀야 한다. 사과 조림을 만드는 과정이 싫다면 동량의 매실청을 넣어서 만들어도 된다. 사과 조림 대신 배나 단감, 딸기 등도 조려서 사용할 수 있는데 과육의 양을 늘려 엿기름물에 조려서 만들 수도 있다. 고추장용 고춧가루는 입자가 고운 고춧가루를 사용해야 텁텁하지 않다.

정월보리막장

예전에는 설날이 지나면 말날을 선택하여 정월장이나 춘장을 담가 먹었습니다. 요사이는 기온이 따뜻해져서 정월장도 많이 담가 먹지요. 저는 좋은 메주를 구하게 되며 정월장을 담그고 메주를 구하지 못한 해에는 주로 막장을 담가 먹습니다. 막 담가서 막장이라고도 하는데 간장을 빼지 않은 메주를 빻아서 만들기 때문에 감칠맛이 있습니다.

재료

막장용 메줏가루 7컵(500g), 보리쌀 2/3컵(100g), 천일염 1~1¼컵(150~200g)
조청 1½컵(300g), 생수 3½컵(700ml) 멸치가루 3큰술(30g)
고추씨가루 5큰술(30g), 소주 3/5컵(120ml)

만들기

1. 보리쌀은 잘 씻어 불려 촉촉하게 밥을 지어 준비한다.
2. 생수에 소주를 제외한 모든 재료를 고루 섞어 넣고 잘 저어준다.
3. 소주를 부어 잘 섞은 뒤 밀폐 용기에 담고 한 달 정도 숙성시킨 뒤 먹는다.

Tip : 된장이나 막장은 처음에는 약간 짠 듯해야 숙성되면서 간이 맞아진다. 소주를 부으면 골마지가 끼는 것을 막을 수 있다. 지역이나 가풍에 따라 보리죽을 쑤어 짓기도 하고 보리를 엿기름에 삭혀 만들기도 한다. 막장용 메주는 알이 약간 씹히게 갈거나 간 것을 구입하거나 메줏가루에 콩알째 숙성시킨 알메주를 섞어서 사용하기도 한다.

쉽게 만들어
바로 먹는
저장음식

햇고사리간장피클

봄이 오면 들과 산에는 고사리순이 올라오지요. 오동통한 고사리 순을 꺾어 간장피클을 담가두면 고기 부럽지 않은 밑반찬이 된답니다.

재료
햇 고사리 순 500g, 청양고추 5개, 홍고추 1개

간장물
간장 1컵, 다시마물 2컵, 맛술 1/2컵, 설탕 1/2컵, 식초 1컵

만들기
1. 햇고사리는 팔팔 끓는 물에 데쳐 찬물을 2~3번 갈아가며 밤새 쓴맛을 우린다.
2. 청양고추와 홍고추는 도톰하게 어슷 썬다.
3. 1의 고사리의 물기를 제거하고 고추와 함께 소독된 병이나 용기에 담는다.
4. 분량의 간장물을 팔팔 끓여 2에 붓고 하룻밤 둔다.
5. 4의 간장물을 끓여 식혀 다시 부어 간이 배면 먹는다.

양파레몬소스퀵피클

서양요리를 먹거나 쌀국수를 먹을 때 새콤하게 절여진 양파를 함께 먹으면 김치를 먹은 듯 개운하지요. 양파를 곱게 채 썰어 레몬소스에 재우면 입안이 깔끔한 퀵피클을 드실 수 있어요.

재료
레몬 3개(중간 크기), 레몬 껍질·파슬리가루·통후춧가루 약간씩

레몬소스
레몬 1개 분의 즙과 과육, 고운 소금 1작은술, 올리고당 1½큰술

만들기
1. 양파는 껍질을 벗기고 곱게 채 썰어 찬물에 30분 정도 담가 매운 맛을 빼고 물기를 제거한다.
2. 레몬은 잘 씻어 노란 껍질만 따로 준비하고 즙을 짜고 과육은 잘게 다진다.
3. 2의 과육과 즙에 소금과 올리고당을 넣고 고루 버무린 뒤 레몬 껍질과 파슬리가루, 통후춧가루를 섞는다.
4. 볼에 물기를 뺀 양파채를 담고 3의 양념을 부어 살살 버무린 뒤 밀폐 용기에 넣고 하룻밤 냉장고에 넣어둔 뒤 다음 날부터 먹는다.

Tip : 먹을 때마다 엑스트라버진올리브유를 살짝 뿌려 먹으면 좋다.

당근라페

라페는 '채썰다, 갈다'라는 뜻의 프랑스어입니다. 당근으로 만든 라페는 우리가 겉절이를 먹듯이 재빨리 만들어 먹을 수 있는 프랑스요리 밑반찬이지요. 넉넉하게 만들어 두면 샌드위치 속이나 김밥 속으로도 활용할 수 있어요.

재료
당근 2개, 고운 소금 1작은술

라페소스
다진 마늘 1/2큰술, 레몬즙 4큰술, 홀그레인머스터드 1큰술, 엑스트라버진올리브유 4~5큰술, 레몬껍질 약간

만들기
1. 당근은 잘 씻어 껍질을 벗기고 곱게 채 썰어 소금을 버무려 재워둔다.
2. 분량의 재료를 고루 섞어 라페소스를 만든다.
3. 1의 당근을 꼭 짜서 즙과 건지를 분리한 뒤 당근 건지만 찬물에 헹구어 꼭 짠다.
4. 3의 당근즙과 라페소스를 섞어 3의 당근 건지를 넣고 고루 버무려 잠깐 두었다가 먹는다.

Tip : 숙성될수록 맛있지만 올리브오일이 많이 들어가 오래 두고 먹는 것은 권하지 않는다. 조금씩 만들어서 신선하게 먹기를 권장한다.

독일식양배추김치

양배추는 단맛이 있고 영양적으로 많은 효능이 있어 여러 가지 요리에 활용됩니다. 독일에서는 양배추로 우리나라의 김치 같은 곁들임 음식을 만들어 먹습니다. 오래 익을수록 맛과 향이 좋아지는데 햇양배추가 맛있을 때 만들어 보세요.

재료
양배추 1/2통, 굵은 소금 양배추 무게의 2%

만들기
1. 양배추는 곱게 채 썰어 소금으로 버무려 지퍼백에 꾹꾹 눌러 담는다.
2. 무거운 것으로 눌러 여름에는 1~3일, 겨울에는 3~7일 정도로 건냉하고 어두운 상온에서 발효시킨다.
3. 양배추 색이 노란색이나 옅은 갈색이 되면서 거품이 낀 신맛이 돌면 소독된 병에 옮겨 담고 냉장고에서 보관했다가 먹는다.

Tip : 오래 묵은 양배추는 수분이 부족해서 물이 나오지 않고 상하기 쉽다. 봄 양배추는 수분이 많아 금방 절여지지만 단맛이 덜하고 겨울 양배추는 단맛이 강한 반면 수분이 덜하고 오랜 시간 절여야 한다.

고추청

싱싱한 재료만 있다면 동량의 설탕에 버무려 청을 만들 수 있지요. 보통 단맛이 있는 과일을 주로 절이게 되는데 매운 맛이 제대로 오른 고추를 설탕에 절여두면 매콤달콤칼칼한 요리를 할 때 만능양념으로 활용이 가능하답니다.

재료
청양고추 500g, 청고추 200g, 홍고추 300g, 설탕 1kg

만들기
1. 고추들은 잘 씻어 꼭지를 제거하고 씨째 굵게 다진다.
2. 1에 동량의 설탕에 버무려 소독된 병에 담고 한 달 정도 숙성한 뒤 먹는다.

Tip : 고추를 종류별로 섞어서 사용해야 매운맛과 칼칼한 맛, 단맛이 잘 어우러진다. 숙성이 된 뒤 갈아서 사용해도 좋다.

양파당

매년 양파 출하 시기가 되면 양파 가격이 뉴스를 장식하는 것 같아요. 장마가 겹치기라도 하면 밭을 파내기도 하죠. 농부들의 마음이 어떨지 생각하면 정말 속이 타요. 제철 양파가 저렴할 때 구입해 잼처럼 졸이면 두고두고 설탕 대용으로 사용이 가능하지요.

재료
양파 500g

만들기
1. 양파는 잘 씻어 믹서기에 곱게 간다.
2. 1의 양파를 바닥이 두꺼운 냄비에 담고 중약불로 오래 졸인다.
3. 되직한 잼 상태가 되면 소독된 병에 담고 사용한다.

Tip : 양파를 졸일 때 불이 너무 세면 산뜻한 양파맛 대신 캐러멜향이 나는 양파조림이 된다. 바닥이 두꺼운 냄비에서 은근히 졸여야 한다.

레몬된장

레몬의 핵심은 노란 껍질인데 수입산 레몬은 사실 여러 가지 약품 처리가 되어 있어 껍질째 먹기에 약간 거리낌이 생기지요. 이제는 싱싱한 제주산 레몬이 출하되어 안심하고 여러 가지 레몬 요리를 해 먹을 수 있답니다.

재료
레몬 3~4개, 시판 된장 300g, 설탕 5큰술, 맛술 5큰술(레몬즙 4~5큰술)

만들기
1. 레몬은 잘 씻어 제스터로 노란 껍질만 벗겨내고 껍질이 뚫어지지 않게 레몬즙을 짜내고 과육은 잘게 다진다.
2. 냄비에 된장, 설탕, 맛술, 레몬즙, 레몬과육을 넣고 중약불로 자글자글 끓인다.
3. 레몬껍질을 넣고 불을 끈 뒤 속을 파낸 레몬 속에 넣고 한두 달 정도 숙성시킨 뒤 먹는다.

Tip : 레몬 껍질 속을 다 채우고 남은 된장은 소독한 밀폐 용기에 넣고 고기와 함께 채소를 찍어 먹거나 나물을 무칠 때 사용하면 산뜻한 쌈장의 맛을 즐길 수 있다.

모로칸레몬

모로코 지역은 종교적인 이유로 술을 마시지 않지요. 그러다 보니 요리에도 술을 사용할 수 없습니다. 그렇기 때문에 향긋한 레몬을 소금에 재워 두었다가 다지거나 갈아서 다양한 요리에 활용을 한다고 합니다. 찬바람이 불면 싱싱하고 건강한 제주산 레몬이 출하되는데 이 시기에 박박 씻은 레몬을 소금에 재웠다가 육류나 어류 요리에 마법 양념으로 사용해 보세요.

재료
레몬 1kg, 소금 레몬 중량의 20%

만들기
1. 레몬은 잘 씻어 갈라지지 않게 칼집을 넣고 소금을 채워 넣는다.
2. 소독된 병에 차곡차곡 담고 6개월 정도 숙성시켜서 갈거나 다져서 사용한다.

Tip : 레몬을 잘게 슬라이스 하여 소금에 버무려 재우면 한 달 정도 후부터 먹을 수 있다. 레몬의 과육이 젤리처럼 쫀득해지면 숙성이 된 것이다. 갈아서 각종 요리에 사용하면 상큼한 맛을 즐길 수 있다.

멸치고추장물

고추다짐, 땡초다짐이라고도 부르는 고추장물은 국물용 멸치와 매운 고추를 넣고 바특하게 졸인 경상도 지역의 밑반찬입니다. 따뜻한 밥 위에 올려 먹어도 맛있고 쌈을 쌀 때 넣어 먹어도 맛있고 매운 소스에 포인트 재료로 넣어 주어도 참 좋아요.

재료
청양고추 15개, 홍고추 3개, 국물용 멸치 15마리, 마늘 3톨, 식용유 2큰술, 통깨·참기름 혹은 들기름 약간

조림장
다시마물 1/2컵, 간장 2큰술, 멸치액젓 1큰술, 조청 1큰술, 맛술 2큰술, 후춧가루 약간

만들기
1. 청양고추와 홍고추는 잘 씻어 꼭지를 따고 씨째 입자가 보이게 다진다.
2. 국물용 멸치는 머리와 내장을 제거하고 굵직하게 다진다.
3. 마늘은 꼭지를 제거하고 굵게 다진다.
4. 달군 팬에 3의 마늘과 식용유를 넣고 중약불로 향이 나게 볶는다.
5. 다진 고추와 다진 멸치를 넣고 매콤한 향이 나면 조림장을 넣는다.
6. 수분이 거의 없어지면 통깨를 넉넉히 넣고 소독된 용기에 담아 냉장 보관하여 먹는다.

Tip : 지역에 따라 청양고추와 멸치를 넉넉한 물에 넣고 조리다가 간을 하는 방법도 있다. 먹을 때마다 들기름이나 참기름을 넣어 버무리면 더욱 고소하고 맛있다.

끓이지 않고 간장 하나로 장아찌 다섯 가지

만능간장

알타리무장아찌

무말랭이장아찌

알달래장아찌

깻잎장아찌

고추장아찌

남은 채소나 재료들로 장아찌를 만들어 바로 냉장 보관할 때는 번거롭게 간장물을 끓이지 않고도 만들 수 있어요. 간장 하나로 다섯 가지의 장아찌를 만들어 보세요.

만능장아찌간장

채소에서 나오는 물의 양이 있으므로 별도로 물을 붓지 않고 맛술을 간장과 동량으로 섞어 주어요. 맛술 대신 소주나 청주를 사용해도 되고 설탕 대신 사이다를 넣어도 됩니다. 감칠맛을 주기 위해 건고추나 건다시마를 넣어 사용하면 훨씬 풍부한 맛을 느낄 수 있지요.

재료

간장 : 맛술 : 식초 : 설탕 = 1 : 1 : 1 : 2/3~1, 건고추·건다시마 적당량

양파달래장아찌

재료
양파 2~3개, 달래 한 묶음

만들기
양파는 밑동이 나눠지지 않게 초승달 모양으로 썰고 달래는 잘 씻어 2~3가닥으로 묶어서 소독된 병이나 용기에 담고 장물을 부어 간이 배게 익혀 먹는다.

알타리무장아찌

재료
알타리무 1단, 청양고추 10개, 홍고추 3개

만들기
알타리무는 잘 씻어 길이로 4~6등분하거나 동글동글하게 썰고 청양고추와 홍고추는 어슷하게 썰어 소독된 병이나 용기에 담고 장물을 부어 간이 배게 익혀 먹는다.

무말랭이장아찌

재료
무말랭이 2컵, 청양고추 5개, 홍고추 2개

만들기
무말랭이는 흐르는 물에 가볍게 씻어 물기를 꼭 짜고 청양고추와 홍고추는 곱게 채 썰어 소독된 병이나 용기에 담아 장물을 부어 간이 배게 익혀 먹는다.

깻잎장아찌

재료

깻잎 50장, 깐마늘 10개

만들기

깻잎은 한 장씩 잘 씻어 물기를 빼고 마늘은 도톰도톰하게 썰어 소독된 병이나 용기에 담고 장물을 부어 간이 배게 익혀 먹는다.

고추장아찌

재료

청양고추 50개

만들기

청양고추는 잘 씻어 꼭지를 약간 자르고 소독된 병이나 용기에 담고 장물을 부어 간이 배게 익혀 먹는다. 잘라서 담그면 더 빨리 먹을 수 있다.